Idee salva spazio

CON LA COLLABORAZIONE DI
JOHN BOWLER
GREG CHEETHAM
RICHARD RUTHERFORD
J.B. WALKER

KÖNEMANN

COLLE PAPA
CROSER

SOMMARIO

Mobile a muro per gli attrezzi (in alto), porta bottiglie (in basso a sinistra) e scatola porta oggetti (in basso a destra).

Piattaia

Rastrelliere formate da una serie di stecche e giunzioni a perno sono gli elementi che costituiscono questa piattaia montata a muro, su cui è possibile sistemare fino a 24 piatti.

COME PREPARARE TRAVERSE E STECCHE

1. Misurate tutte le parti e tagliatele della lunghezza desiderata.

2. Prendete 3 traverse, di ognuna scegliete il lato che preferite, e tracciatevi una linea centrale servendovi di una squadra universale. Su una delle traverse (che diverrà la traversa centrale) tracciate una linea mediana sulla faccia contigua a quella dove avevate precedentemente tracciato la linea (non su quella opposta). Marcate l'estremità sinistra di ogni pezzo per essere sicuri di non invertirne l'orientamento. Scegliete quale delle traverse sarà quella frontale e quale quella posteriore, quindi marcatele. Partendo dall'estremità sinistra che avevate segnato, cal-

MATERIALI*

Parte	Materiale	Lunghezza	Quantità
Traverse	legno DAR 38 x 38 mm	720 mm	3
Guide inferiori	legno DAR 38 x 19 mm	320 mm	2
Piantane	legno DAR 38 x 19 mm	240 mm	2

ALTRO: 5 bacchette di legno per perni e stecche della lunghezza di 2,4 m e del diametro di 8 mm. Carta vetrata a grana 100, 120 e 150. Strisce per scartavetrare, media e dura (facoltative). Adesivo PVA (o adesivo double face per una superficie più resistente). Kit per utilizzo di perni da 8 mm. Vernice per rifinitura a piacere. 2 viti della misura di 100-75 x 10 mm.

* Misure finali: lunghezza 745 mm, profondità 320 mm. Per dettagli sulle varietà e le misure del legno vedere p. 57. Le misure del legno qui riportate sono indicative.

ATTREZZI

- Matita
- Nastro adesivo
- Riga in acciaio (600 mm)
- Squadra universale
- Saracco
- Sega da traforo
- Punteruolo/succhiello
- Trapano elettrico
- Punta per il trapano in acciaio, da 5 mm
- Punta per il trapano a fresa
- Trapano a colonna (facoltativo)
- Smerigliatrice a cinghia (facoltativa)
- Blocco abrasivo di sughero
- Maglio di gomma
- Pialla (pialletto o spianatoio)
- 4 morsetti a G
- 2 morsetti a fascia
- Raschietto
- Mascherina antipolvere
- Occhiali protettivi
- Protezione per le orecchie

Realizzata in quercia di Tasmania con una finitura lucida e trasparente, questa piattaia aggiungerà un tocco di eleganza alla vostra cucina.

colate dei segmenti di 30 mm l'uno lungo la linea centrale di ogni traversa. Per ogni traversa dovrete ottenere 23 fori.

3. Servitevi di un punteruolo o di un succhiello per segnare con una tacca ogni punto segnato, così da poter tenere in posizione più precisa il trapano. Utilizzando un trapano elettrico con una punta da 8 mm, praticate dei fori di 10 mm, aiutandovi con un calibro di profondità (v. riquadro a p. 8). Ricordatevi di ricontrollare le posizioni molto spesso, poiché il calibro di profondità si sposta facilmente. È molto importante tenere sempre il trapano diritto. Se ne avete la possibilità, servitevi di un trapano a colonna, in quanto vi garantirà di ottenere delle cavità diritte.

4. Scartavetrate le bacchette di legno con carta vetrata a grana 150 prima di tagliarle. Tagliate 23 stecche della lunghezza di 205 mm e 23 della lunghezza di 225 mm. Il modo migliore per eseguire questa operazione è tenere stretti insieme le cinque bacchette servendosi di alcuni elastici robusti. Misurate e marcate la distanza che deve essere tagliata, fate scivolare l'elastico appena dietro il punto segnato, quindi, servendovi di una sega da traforo o di una sega a mano fine, tagliate secondo la lunghezza desiderata per far sì che le stecche entrino nei fori. Eliminate le estremità laterali appuntite servendovi di una smerigliatrice a cinghia o di carta vetrata (grana 100).

5. Scartavetrate le tre traverse con carta vetrata a grana150 e, servendovi di una pialla o di un blocco abrasivo di sughero, smussate gli angoli appuntiti dai lati lunghi. Lasciate le estremità ad angolo retto. Spolverate le stecche e le traverse prestando particolare attenzione ai fori delle traverse. Se necessario, soffiatevi dentro per eliminare ogni residuo di polvere.

ASSEMBLAGGIO

6. Servendovi di un bastoncino di dimensioni tali da poter essere inserito nei fori, disponete una piccola quantità di adesivo nei fori della traversa posteriore e in quelli corrispondenti della traversa centrale. Sistemate le stecche nei fori di una delle traverse quindi, servendovi del maglio di gomma, inseritele in modo che rimangano saldamente nei fori. Non importa se in questa fase saranno leggermente irregolari. Con tutte le stecche che puntano verso l'alto avvicinatevi i fori della traversa opposta così che combacino con le stecche, sistemate le stecche nei fori e picchiettate con il maglio di gomma. Continuate l'operazione fino a quando le stec-

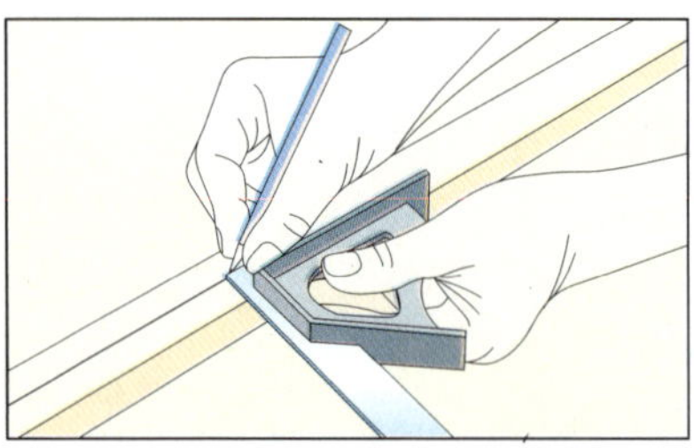

2 Servendovi di una squadra universale tracciate una linea centrale, quindi calcolate dei segmenti lunghi 30 mm.

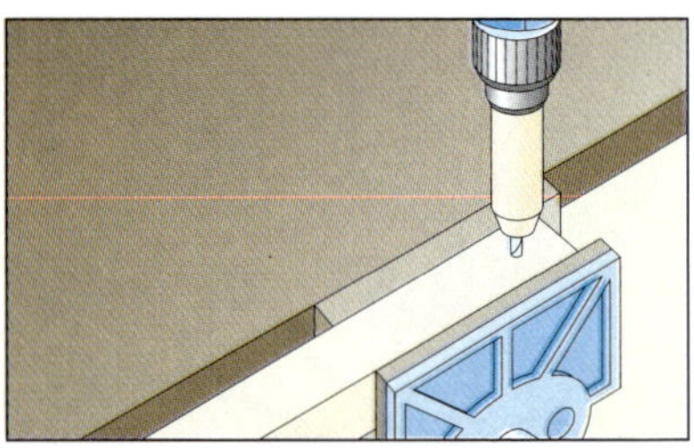

3 Praticate i fori servendovi di un trapano elettrico con una punta di 8 mm e di un calibro di profondità.

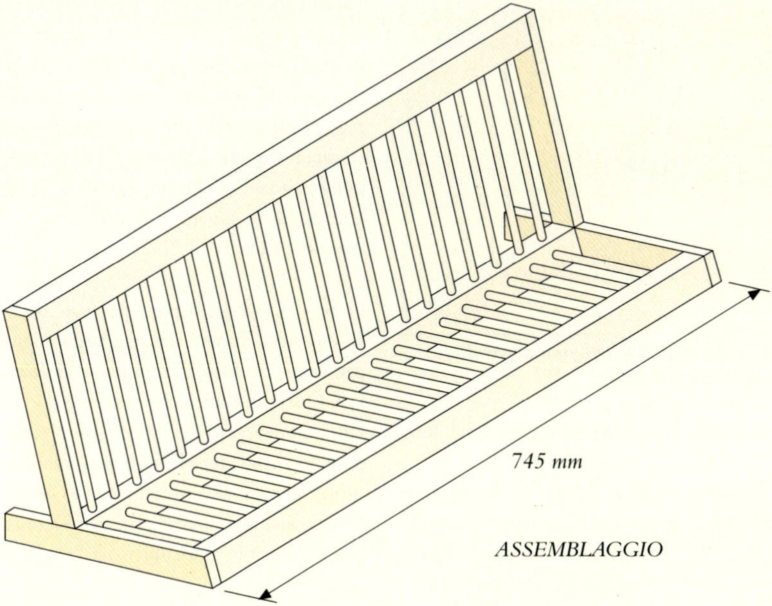

ASSEMBLAGGIO

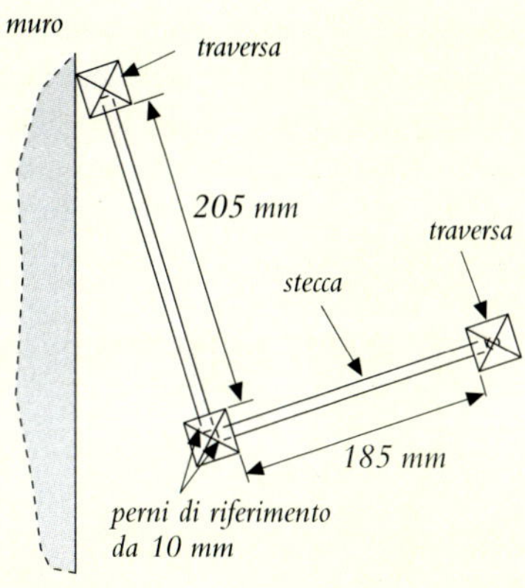

SEZIONE LATERALE DELLE STECCHE

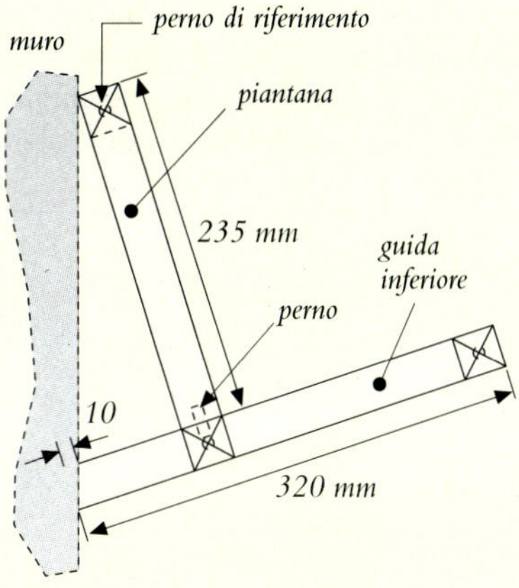

SEZIONE LATERALE
DELLA PIATTAIA

Le guide inferiori tengono separata la piattaia dal muro.

che saranno collocate perfettamente nei fori.

7. Servitevi di un morsetto a fascia per ogni estremità e di due morsetti a G nella parte centrale per tenere insieme le due traverse. Questi eviteranno che le traverse si inarchino. È molto importante controllare che esse siano parallele; aiutandovi con una squadra, accertatevi che le stecche siano perpendicolari alle traverse. Eliminate tutto l'adesivo in eccesso servendovi di un raschietto e di un panno tiepido e umido. Quando l'adesivo si sarà asciugato, rimuovete i morsetti e ripetete l'operazione dall'altro lato.

8. Prendete le due guide inferiori. Sull'estremità che porrete contro il muro misurate 10 mm verso l'interno, quindi tracciate una linea che attraversi il lato superiore della banda. Tagliate un angolo sulla linea che va dal segno tracciato all'angolo inferiore della banda.

9. Servendovi del trapano praticate un foro all'estremità di ogni traversa, largo 8 mm e profondo 30 mm. Disponete nei fori gli indicatori del centro che trovate nel kit per l'utilizzo dei perni e riportate i punti marcati sulle due bande inferiori. In quel punto praticate un foro di 8 mm, profondo 10 mm. Controllate che i perni siano perfettamente incastrati con le guide inferiori.

10. Tenete in posizione sulle guide il legno per le piantane e segnatelo secondo la lunghezza richiesta, quindi tagliatelo. Praticate un foro profondo10 mm nella guida inferiore, nel centro del punto in cui incontra la piantana. Servendovi dell'indicatore del centro posizionato in questo foro, disponete la piantana e segnate il punto marcato. Levate l'indicatore del centro e, ponendolo nel foro alla fine della traversa posteriore,

COME PREPARARE UN CALIBRO DI PROFONDITÀ

Potete ricavare un calibro di profondità da una stecca. Quando la punta è inserita nel trapano, misuratene la lunghezza e sottraete la profondità del foro.
Tagliate un pezzo di stecca a questa lunghezza, stringetelo nella morsa, quindi perforatelo fino a ottenere un foro di 8 mm. Eliminate la maggior parte del legno a un'estremità, in modo da ottenere una specie di matita, con il trapano come punta.

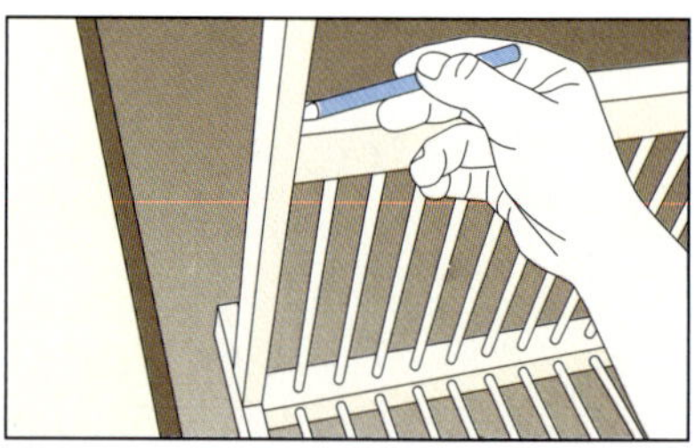

***10** Tenete la banda verticale in posizione sulla banda inferiore e contro la traversa posteriore, quindi marcatene la lunghezza.*

posizionate la piantana per riportare il punto marcato. Perforate a una profondità di 10 mm.

11. Tagliate i perni della lunghezza di 18 mm (tagliate sempre i perni di un paio di millimetri più corti della somma delle lunghezze di entrambi i fori). Applicate l'adesivo, inserite i perni e serrate con i morsetti a fascia.

RIFINITURA

12. Scartavetrate tutte le giunzioni che avete incollato. Se usate una smerigliatrice a cinghia, usate un nastro a grana tra il medio e il fine. Non inclinate mai l'attrezzo, altrimenti tenderà ad appiattire gli spigoli e danneggerà la piattaia. Con una smerigliatrice orbitale continuate a lavorare sia le traverse sia le bande, passando da carta a grana100 a 120 e a 150.
Scartavetrate a mano tutte le stecche, quindi applicate la rifinitura.

13. Per assicurare la piattaia a un muro di cemento o di mattoni, praticate un foro di circa 100 mm da ogni estremità della traversa posteriore, servendovi di una punta di trapano da 5 mm. Utilizzate viti della misura di 100 o 75 mm x 10, e svasate per far entrare la testa della vite. Se si tratta di parete in legno, bisogna trovare i montanti. Questi determineranno la posizione per i fori delle viti.

COME FARE I PUNTI DI GIUNZIONE

Congiungere legno e compensato è uno dei requisiti di base dell'arte di lavorare il legno. Le giunzioni più efficaci sono quelle a incastro e le scanalature (v. p. 64).
Il modo più veloce e più accurato per ottenere le giunzioni è quello che si avvale dell'uso di una sponderuola; in ogni caso, se non ne avete una a disposizione, potete ottenere questi giunti servendovi di altri attrezzi.
I punti di giunzione in origine erano ottenuti attraverso l'uso di attrezzi manuali, alcuni dei quali specialistici. Per esempio, specifiche pialle venivano utilizzate per ottenere le scanalature.
È ancora possibile trovare questi attrezzi, che potrebbero però essere molto costosi. I giunti a incastro si possono ottenere utilizzando una sega per tenoni o una sega circolare e uno scalpello.

1. Sul vostro materiale marcate la posizione delle giunzioni e riportatela lungo i bordi laterali solo in misura pari alla profondità del giunto. Con un coltello, ripassate le linee appena tracciate.

2. Se utilizzate una sega circolare, stabilite accuratamente sulla sega la profondità del giunto, quindi con un morsetto tenete ferma sulla tavola un'assicella per guidare la sega attraverso il giunto.

3. Segate il materiale, facendo attenzione a tagliare dal lato della parte di scarto.

4. Servitevi di uno scalpello delle dimensioni appropriate ed eliminate i residui finché il fondo dell'incastro risulterà piatto e della profondità desiderata.

Potete ottenere le scanalature servendovi di una sega per tenoni o di una sega circolare e quindi ripulendo il tutto con uno scalpello.

Questo pratico portacoltelli è fissato al muro da quattro viti. Le viti si possono ricoprire con quattro tasselli di legno, come è stato fatto nel nostro esempio per le due viti inferiori.

Portacoltelli da parete

Montato su una tavola formata da pezzi di legno diversi per creare un effetto decorativo, questo portacoltelli presenta al centro una listella dotata di fessura, dove inserire sia coltelli di diverse dimensioni sia un affilacoltelli.

LA TAVOLA DI SOSTEGNO

1. Misurate tutte le parti e tagliatele della misura desiderata, facendo attenzione a praticare tagli perpendicolari e diritti.

2. Prendete i due pezzi della tavola di sostegno e decidete quali bordi unire, avvicinandoli in soluzioni differenti per trovare quelli che combacino meglio. Sui bordi marcate gli eventuali punti in rilievo, quindi, con l'aiuto di una pialla, spianateli finché le parti combaceranno perfettamente. Servitevi di una riga di metallo per controllare che le superfici siano perfettamente piatte.

MATERIALI*

Parte	Materiale	Lunghezza	Quantità
Parte inferiore tavola	legno DAR 250 x 38 mm	600 mm	1
Parte superiore tavola	legno DAR 150 x 38 mm	600 mm	1
Estremità	legno DAR 50 x 38 mm	380 mm	2
Guide	legno DAR 25 x 19 mm	680 mm	2

ALTRO: Adesivo PVA. Fogli di plastica lucida. Kit per giunti a perno da 8 mm. Carta vetrata a grana 100, 120 e 150. Strisce per scartavetrare: fine, media e dura (facoltative). Kit per giunti a perno da 6 mm. Vernice per rifinitura a piacere.

* Misure finali: 375 mm di altezza e 680 mm di larghezza. Per dettagli sulle varietà e le misure del legno vedere p. 57. Le misure del legno qui riportate sono indicative.

ATTREZZI

- Matita
- Nastro
- Riga in acciaio o regolo (600 mm)
- Sega per tenoni
- Sega da traforo
- Pialla
- 2 morsetti a fascia
- 4 morsetti a G
- Raschietto
- Smerigliatrice a cinghia
- Grande quadra
- Scalpello (affilato)
- Compasso
- Morsa
- Trapano elettrico
- Punte per trapano: in acciaio da 8,5 mm e da 15 mm
- Smerigliatrice orbitale
- Lima tonda
- Cutter per tasselli: 10 mm
- Punta regolabile da trapano per viti

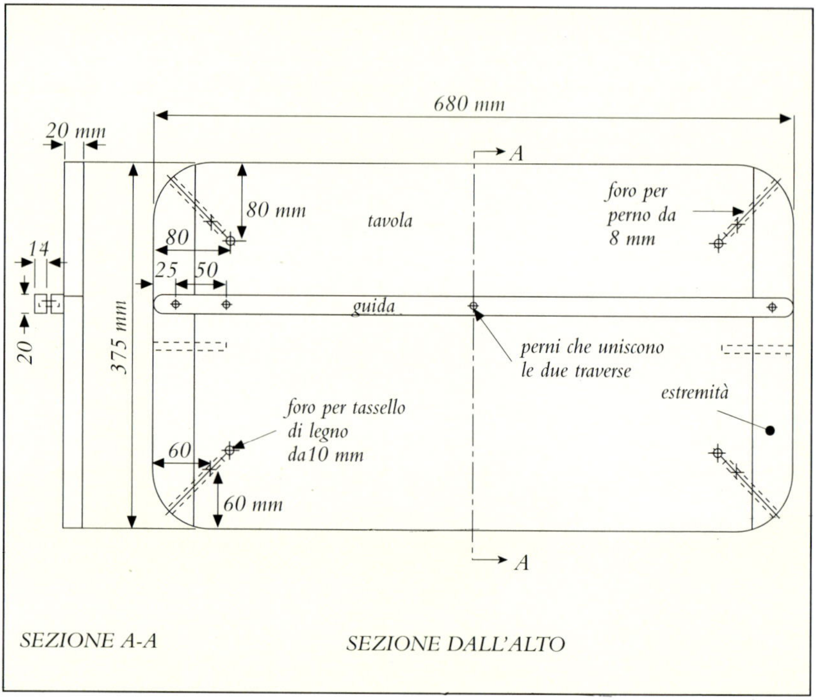

3. Sistemate due morsetti a fascia per tenere fermo il legno, e tenete sottomano due morsetti a G. Avrete bisogno, inoltre, di quattro pezzi di legno di scarto (lunghi almeno 550 mm) per tenere il legno in linea mentre i morsetti a fascia li tengono insieme. Applicate dell'adesivo sugli spigoli da incollare. Non stringete eccessivamente i morsetti: una pressione ferma sarà sufficiente. Servitevi di una membrana di plastica lucida per impedire ai morsetti di segnare il legno. Con un raschietto eliminate l'adesivo in eccesso, quindi lasciate asciugare.

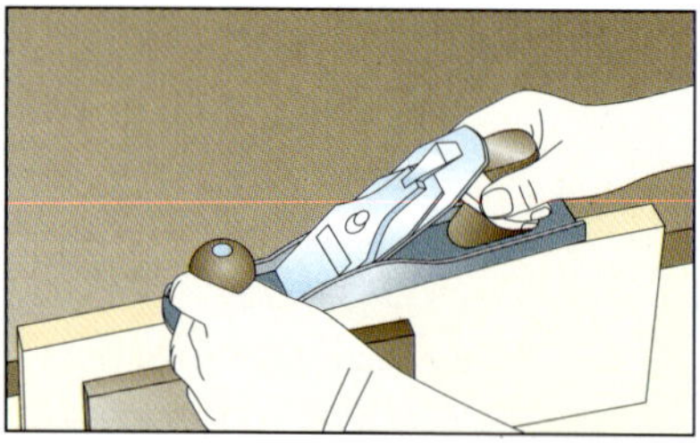

2 Prendete i due pezzi della tavola di sostegno e piallate i due bordi che devono combaciare.

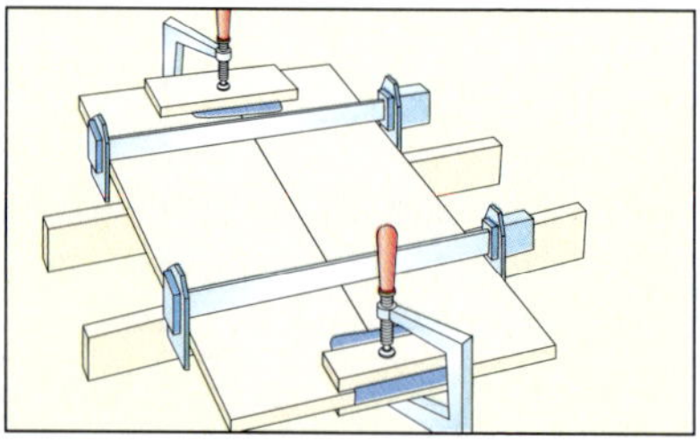

3 Servitevi di legno di scarto e di piccoli fogli di plastica lucida per proteggere il legno tenuto dai morsetti.

4. Togliete i morsetti e la plastica. Con un morsetto o con un chiodo fissate un sottile pezzo di legno al tavolo di lavoro per far sì che il pezzo non si sposti mentre passate la carta vetrata. Scartavetrate entrambe le facce, passando prima sulla giunzione poi sulle facce. Servitevi di carta vetrata a grana 100 o 120 oppure, se avete una smerigliatrice, utilizzate una cinghia media o dura, a seconda del grado di imperfezione della giunzione.

5. Scegliete la faccia migliore, che diventerà quella frontale, e segnate il retro della tavola. Servendovi di una grande squadra tracciate a matita una linea lungo i due lati più piccoli della tavola. Ripassate le linee a matita con uno scalpello appuntito, servendovi di una riga di metallo come guida. Con i morsetti fissate la tavola al piano di lavoro, quindi, con una sega da traforo, tagliate proprio in prossimità degli intagli fatti con lo scalpello. Non tagliate dentro l'intaglio, ma proprio di fianco a esso verso l'esterno della tavola, in modo che il legno non si sollevi quando segate i bordi.

6. Prendete i due pezzi da 380 mm, fateli combaciare, segnateli e levigateli con la carta vetrata, applicando il metodo che avete utilizzato in precedenza. Fate attenzione che la pialla sia molto tagliente e lavorate da ogni lato della venatura per far sì che il legno non si scheggi sugli angoli. Utilizzando il metodo precedente, incollate i pezzi laterali alla tavola. Una volta che l'adesivo sarà asciutto, togliete i morsetti e, per levigare a livello entrambi i lati, servitevi di carta vetrata a grana 100 o 120 oppure di una smerigliatrice a cinghia, se l'avete a disposizione. Sarà inevitabile levigare attraverso la venatura; tuttavia, utilizzando carta di grana diversa, riuscirete a eliminare tutte le tracce.

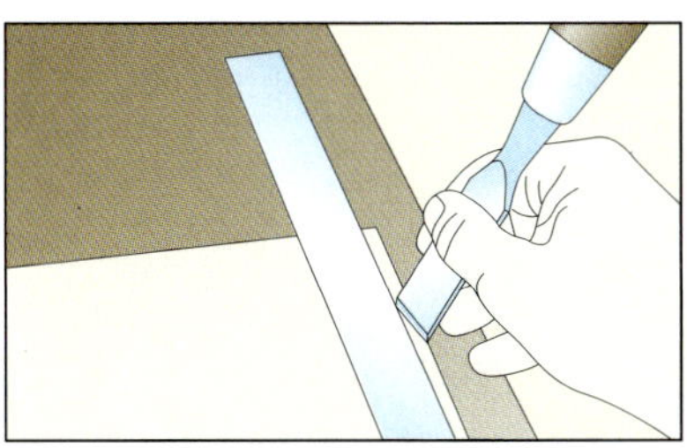

5 Servendovi di uno scalpello affilato e di una riga di metallo praticate un leggero intaglio lungo i lati più corti della tavola.

7. Per arrotondare gli angoli della tavola, voltatela in maniera tale che il retro sia rivolto verso l'alto. In ogni angolo della tavola disegnate un angolo retto, a distanza di 60 mm dai bordi e parallelo a essi. Mettete la punta del compasso, che aprirete a 60 mm, nell'angolo interno del quadrato, quindi tracciate un'area circolare intorno al bordo più esterno del quadrato. Tracciate anche una linea che unisca l'angolo della tavola con il corrispondente angolo interno del quadrato: queste linee vi serviranno come direzioni per l'uso del trapano. Con una sega da traforo tagliate le quattro aree circolari. Mettete il legno nella morsa e levigatelo con la carta vetrata a grana 100 o 120 o con una smerigliatrice a cinghia fine. Fate molta attenzione agli angoli arrotondati: eliminate i segni della sega, quindi levigateli rendendoli lisci e arrotondati.

COME INSERIRE I PERNI

8. I perni vengono inseriti attraverso le listelle laterali e permettono di tenere insieme la tavola. Si inserirà un perno nel mezzo di ogni angolo arrotondato e uno nel mezzo di ognuno dei pezzi laterali. Tracciate una breve linea nel centro del bordo per ognuno dei punti in cui situerete i perni, quindi mettete la tavola nella morsa. Prendendo come guida le linee tracciate dagli angoli trapanate dei fori profondi 75 mm con una punta da 8 mm. Una volta praticati i fori, trapanateli di nuovo con una punta da 8,5 mm, per creare un minimo di gioco per il perno.

9. Tagliate sei perni della lunghezza di 75 mm, quindi praticate un taglio verticale nel mezzo di ogni perno, della lunghezza di circa un terzo del perno. Con piccoli pezzi di legno di scarto intagliate sei cunei, che dovranno essere larghi 8 mm, lunghi circa 25 mm e con uno spessore di 5 mm nel punto più largo del cuneo. Servendovi di un pezzo di perno lungo 6 mm, mettete dell'adesivo sul fondo del foro. Applicate l'adesivo al perno e al cuneo, quindi inserite il cuneo nella fessura per circa metà della profondità. Spingete il perno nel foro e aiutatevi con un pezzetto di legno per picchiettare il perno finché non sarà inserito a livello con la tavola, quindi fate entrare il cuneo. Lasciate asciugare l'adesivo, poi, con la sega, eliminate le parti del perno e del cuneo che sporgono e levigate finché la superficie risulterà liscia. Con una smerigliatrice orbitale levigate la faccia e i bordi, partendo da una grana 120 e arrivando a una grana 150.

COME AGGIUNGERE LE GUIDE

10. Arrotondate le estremità delle guide servendovi di una sega da traforo (una piccola moneta può servire da sagoma). Scartavetrate le estremità finché risulteranno lisce e arrotondate, quindi le facce e i bordi. Scegliete quale sarà la faccia frontale, quindi marcate quella posteriore.

11. Per praticare il foro per l'affilacoltelli, mettete le guide nella morsa e segnate un punto a 50 mm dall'estremità e 14 mm dal margine (se necessario variate la posizione a seconda delle dimensioni del vostro affilacoltelli). Con una punta da 15 mm praticate un foro nel punto segnato. Partite dall'alto e trapanate finché la punta non avrà forato il fondo della guida. Fermate il trapano, rivoltate le guide sempre tenendole unite, serratele di nuovo nella morsa, quindi trapanate ancora, questa volta partendo dal basso. Servitevi di una lima rotonda per lisciare il foro, quindi smussatene l'orlo superiore.

12. Sulla faccia interna di una delle due guide marcate i punti in cui inserirete i quattro perni che le terranno unite, posizionandoli a 25 mm di distanza da entrambi i lati del foro per l'affilacoltelli, nel centro, e a 25 mm di distanza dall'estremità opposta della guida. Servendovi di una punta da 6 mm trapanate i quattro fori, della profondità di 8 mm, nei punti segnati. Con gli indicatori inclusi nel kit per perni, tra-

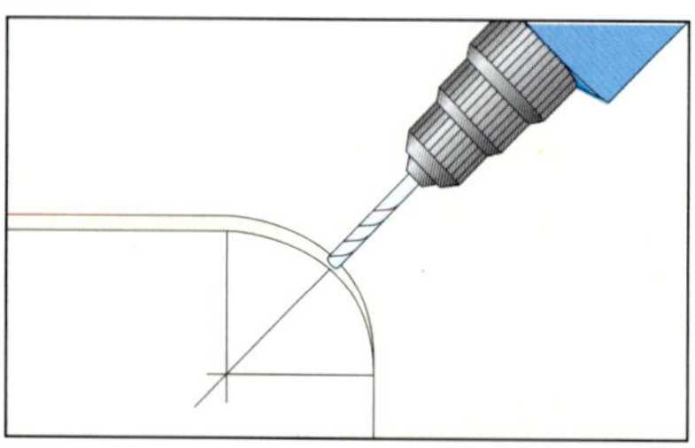

8 Seguendo come guida la linea tracciata a matita nell'angolo praticate un foro per il perno.

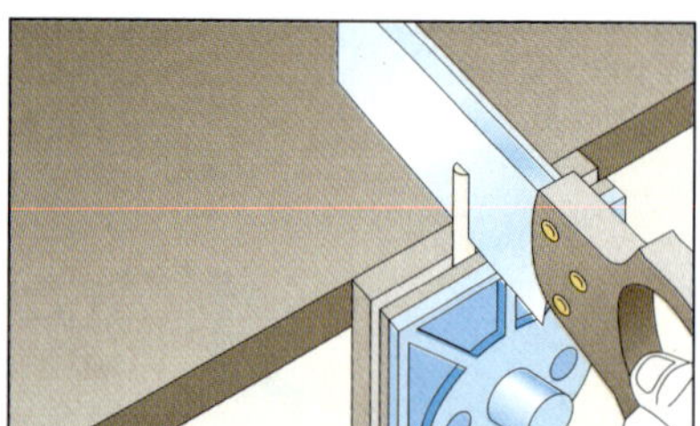

9 Tagliate i perni alla lunghezza di 75 mm, quindi praticate una fessura nel mezzo di ogni perno per il cuneo.

sferite i punti sulla faccia opposta, quindi praticate dei fori della medesima profondità. Tagliate quattro perni del diametro di 6 mm, uno lungo 22 mm, uno lungo 20 mm e due lunghi 18 mm. Mettete l'adesivo nei fori e sui perni, quindi infilate i perni nei fori. I perni più corti andranno ai lati dell'affilacoltelli, quello di 20 mm nel centro e quello lungo 22 mm all'altra estremità. Lo spazio che separa le due guide diminuirà a mano a mano che ci si avvicina all'affilacoltelli, per potere ospitare anche coltelli più piccoli e dalle lame più fini. Pressate le due guide una contro l'altra (se necessario servitevi dei morsetti) ed eliminate tutto l'adesivo in eccesso prima che asciughi. Assicuratevi che le parti superiori delle guide combacino e siano ben diritte – per farlo, osservate tutta la parte superiore delle guide per l'intera lunghezza. Levigate le facce e i bordi con carta vetrata a grana 150.

Lo spazio tra le due guide diminuisce per poter tenere ben saldi coltelli di diverse dimensioni.

13. Servendovi di una punta da 6 mm, praticate quattro fori della profondità di 8 mm lungo la parte posteriore della guida: due fori, ognuno a 35 mm dall'estremità della guida; due fori a distanza di 20 mm dal punto centrale della guida, uno a destra e uno a sinistra del punto centrale. Servitevi degli indicatori del centro per marcare le posizioni sulla tavola, con la parte superiore della guida che copra la giunzione con la tavola. Trapanate dei fori della profondità di 12 mm sulla tavola. Tagliate dei perni lunghi 19 mm, applicate l'adesivo lungo tutta la lunghezza del retro della guida, nei fori e sui perni. Disponete i perni nei fori, quindi con i morsetti tenete insieme la tavola e la guida. Servendovi di un raschietto eliminate l'adesivo in eccesso e, con un panno umido, eliminatene i residui. Lasciate asciugare quindi levate i morsetti.

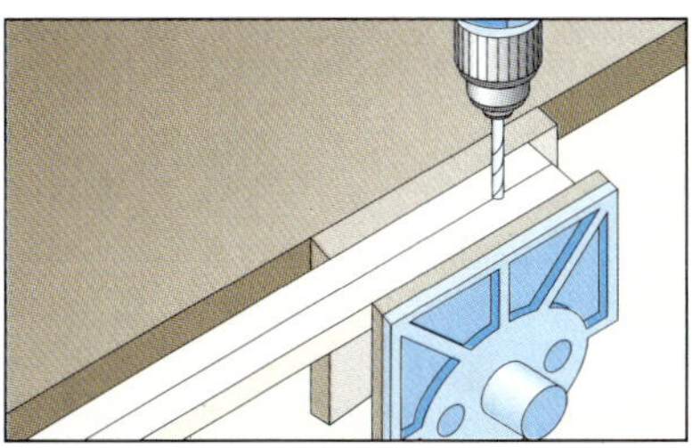

11 Mettete entrambe le guide, unite, nella morsa, e praticate un foro per l'affilacoltelli a 50 mm dall'estremità.

RIFINITURA

14. Servendovi di uno scalpello affilato eliminate i residui di adesivo seccato. Levigate e passate le finiture. (v. la scatola a p. 21).

15. Per fissare il portacoltelli al muro trapanate quattro fori, a circa 70 mm verso l'interno a partire da ogni angolo. Servitevi di una punta regolabile per viti, che posiziona la testa della vite sotto la superficie e prepara un foro nel quale inserire un tassello. Potete servirvi di un taglia tasselli per ottenere quattro tasselli e inserirli nei fori con l'adesivo. Lasciate asciugare, quindi eliminate ogni eccesso di adesivo. Se necessario levigate e ritoccate la finitura.

Portabottiglie

Divisori diagonali e una modanatura frontale caratterizzano questo elegante portabottiglie, che potrete usare, singolarmente, per dieci bottiglie, o che potrete avvicinare ad altri portabottiglie per aumentarne la capacità.

MATERIALI*

Parte	Materiale	Lunghezza/Larghezza	Quantità
Retro	Tavola di 12 mm di spessore	370 x 295 mm	1
Fondo	Tavola di 12 mm di spessore	370 x 303 mm	1
Lati	Tavola di 12 mm di spessore	330 x 303 mm	2
Piano superiore	Tavola di 12 mm di spessore	395 x 303 mm	1
Divisori	Tavola di 12 mm di spessore	1,2 x 290 mm	3

ALTRO MATERIALE: Adesivo PVA. Chiodi da 20 mm. Carta vetrata a grana 120 e 150. 1,2 m di modanatura sagomata 18 x 18 mm. Vernice per rifinitura a piacere.

* Misure finali: altezza 330 mm, larghezza 395 mm e profondità 320 mm.
Per dettagli sulle varietà delle tavole vedere p. 49.

ATTREZZI

- Squadra
- Nastro adesivo
- Riga di metallo
- Matita (fine)
- Sega circolare (facoltativa)
- Sega da pannello
- Sega da traforo
- Regolo
- Pialla a mano o blocco spianante
- Morsa
- Trapano elettrico
- Punta per trapano da 12 mm
- Maglio di gomma
- 2 morsetti a G
- Martello
- Punzone (fine)
- Smerigliatrice orbitale (facoltativa)
- Blocco abrasivo di sughero
- Cassetta per tagli obliqui o sega per tagli obliqui
- Mascherina antipolvere; occhiali protettivi
- Protezione per le orecchie

COME TAGLIARE LE PARTI

1. Servendovi di una sega da pannello o di una sega circolare, tagliate i pezzi che costituiscono la scatola. Piallate gli spigoli rendendoli lisci e controllate che siano ad angolo retto.

2. Per tagliare i pannelli divisori servitevi di una sega circolare o di una sega da traforo e fissate alla tavola, servendovi dei morsetti, un regolo, così da guidare la lama. In questo modo otterrete un taglio diritto e accurato, essenziale per la buona riuscita di questo progetto. Non dimenticate di prendere in considerazione la distanza tra la lama e lo spigolo del piano di base. Tagliate una striscia di 290

Questo portabottiglie può contenere dieci bottiglie di vino. Con il suo aspetto semplice ed elegante si inserirà perfettamente sia in cucina sia in salotto.

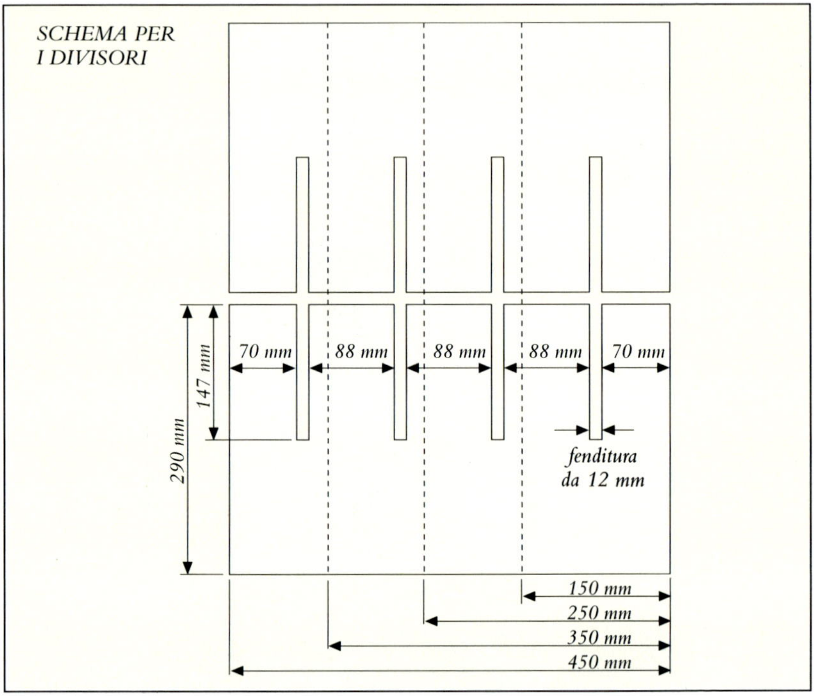

mm. Piallate il bordo tagliato, marcatelo, quindi tagliate un'altra striscia e ripetete l'operazione. Marcate ogni lato del bordo.

COME REALIZZARE IL PORTABOTTIGLIE

3. Dalle strisce divisorie tagliate due pezzi lunghi 150 mm, due pezzi lunghi 250 mm, due pezzi lunghi 350 mm e due lunghi 450 mm, servendovi di una sega circolare o di una sega da traforo. Prendete le due strisce lunghe 450 mm, unitele posizionando una faccia frontale e una posteriore verso l'esterno, quindi serratele in una morsa. Servendo-

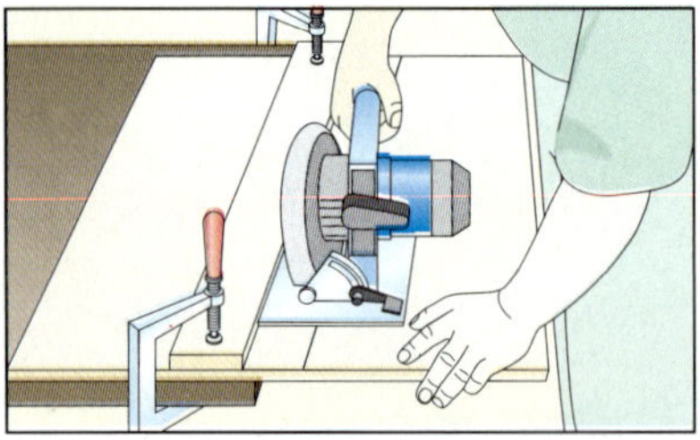

2 Tagliate tre strisce divisorie, servendovi di una riga fissata con dei morsetti alla tavola per guidare la sega.

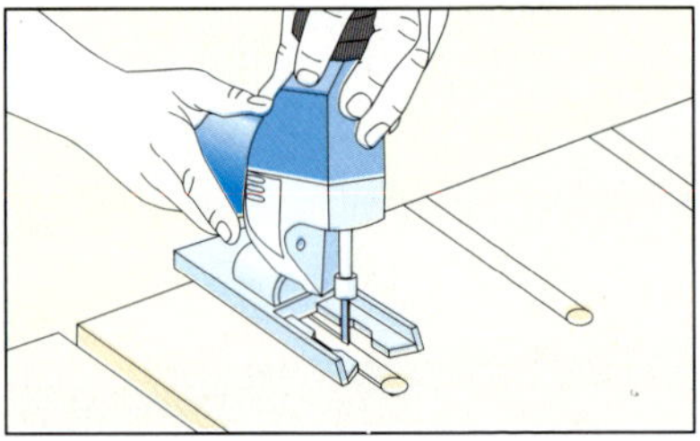

4 Praticate un foro alla fine di ogni fessura, quindi servitevi di una sega da traforo per tagliare tutte le fessure.

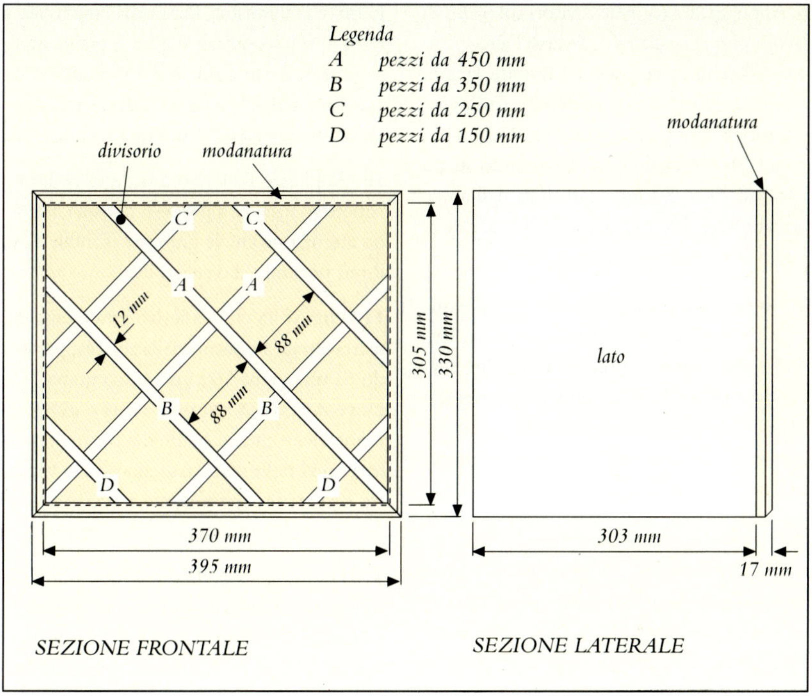

vi di una riga o di un nastro come guida marcate un punto a 70 mm da una delle estremità. Misurate quindi 12 mm da quel punto e marcatelo, quindi segnate ulteriori punti a intervalli di 88 mm, 12 mm, 88 mm, 12 mm, 88 mm e 12 mm. Regolate tutti questi punti sul bordo di entrambe le tavole. Servitevi di un pezzo come sagoma e trasferite i punti marcati sulle tavole da 350 mm. Inseritele nella morsa: un pezzo con la faccia frontale rivolta verso l'esterno e uno con il retro rivolto verso l'esterno.

4. Servendovi di una squadra, tracciate delle linee sulla faccia, partendo dai bordi marcati e proseguendo appena dopo la metà della tavola, a 147 mm. Unite le estremità delle linee per delimitare le fessure. Quando tutte le fessure saranno tracciate, servitevi di una punta da 12 mm per trapanare un foro all'estremità di ogni fessura. Servendovi di una sega da traforo, realizzate una fessura. Con un piccolo pezzo di legno di scarto proveniente dalla stessa tavola, controllate la larghezza della fessura: dovrebbe essere abbastanza larga da permettere al legno di scivolarvi facilmente all'interno. Continuate a tagliare e a controllare le fessure.

5. Quando avrete praticato tutte le fessure necessarie, fate scivolare insieme i pezzi che compongono l'insieme dei pannelli divisori, aiutandovi con il disegno sopra indicato. I pannelli dovrebbero inserirsi senza troppa pressione (servitevi di un maglio di gomma per picchiettarli leggermente) per poter poi essere smontati.

6. Appoggiate i pannelli divisori sul piano di lavoro con la faccia rivolta verso l'alto e con 3 giunti tenuti vicino a voi. Misurate 35 mm diritti verso il basso partendo dall'apice esterno di ogni giunto e marcate il legno più vicino su entrambi i lati. Lavorando su un lato, calcolate 30 mm partendo dall'apice esterno dei due giunti, quindi marcate il legno più vicino su entrambi i lati.

7. Sistemate il pannello posteriore sui pannelli divisori, allineando il fondo e un lato con i punti marcati precedentemente. Servendovi del retro come guida, continuate a marcare. Marcate ogni punto di giunzione così da poter assemblare i pannelli divisori in maniera corretta.

8. Smontate i pannelli divisori finora assemblati, servendovi di un maglio di gomma, se necessario. Servitevi di una squadra per tracciare linee che vadano dai bordi marcati sulla faccia al retro. Aggiustate il piano di base della sega da traforo a 45 gradi quindi, con i morsetti, fissate il primo pezzo. Tagliate le linee in maniera tale che l'insieme dei pannelli divisori sia più piccolo di 1-2 mm rispetto al retro e possa quindi scivolare nella scatola.

ASSEMBLAGGIO

9. Per assemblare la scatola, incollate tutti i giunti e inchiodateli. Per prima cosa fissate il retro al fondo, quindi i lati e il piano superiore. Eliminate ogni residuo di adesivo in eccesso e fate sì che le teste dei chiodi arrivino sotto la superficie, quindi riempite i fori.

10. Applicate l'adesivo a tutte le fessure e rimettete insieme i pannelli divisori, facendo attenzione che le giunture frontali siano il più possibile allo stesso livello.

11. Una volta che l'adesivo sarà asciugato, scartavetrate l'esterno della scatola, passando da una grana 100 fino a una grana 150. Dove necessario riempite i fori o gli spazi. Controllate che l'insieme dei pannelli divisori entri nella scatola; se ciò non si verifica, piallatene leggermente i bordi esterni per far sì che possa entrare facilmente.

12. Dipingete o trattate con del mordente sia i pannelli divisori sia l'interno della scatola, quindi lasciate asciugare. Fate scivolare i pannelli divisori all'interno della scatola.

13. Levigate la modanatura con carta vetrata a grana 150. Misurate i bordi della faccia della scatola, quindi, servendovi di una cassetta o di una sega per tagli obliqui, tagliate quattro pezzi di modanatura. Incollate e inchiodate la modanatura in posizione, lasciate asciugare l'adesivo, quindi scartavetrate e rifinite l'esterno della scatola.

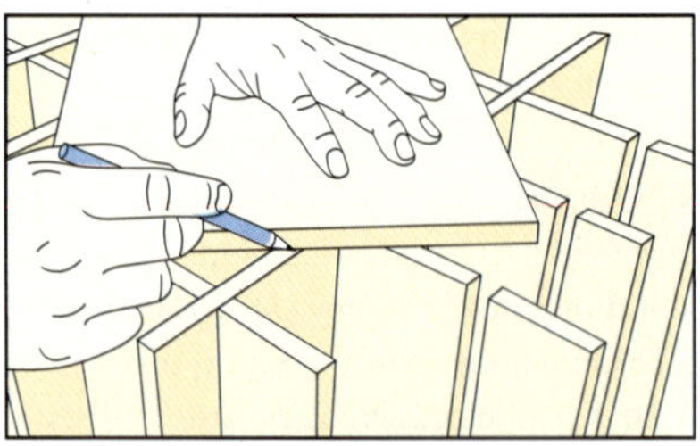

7 Appoggiate il retro della scatola sull'insieme dei pannelli divisori e usatelo per segnare la forma della scatola.

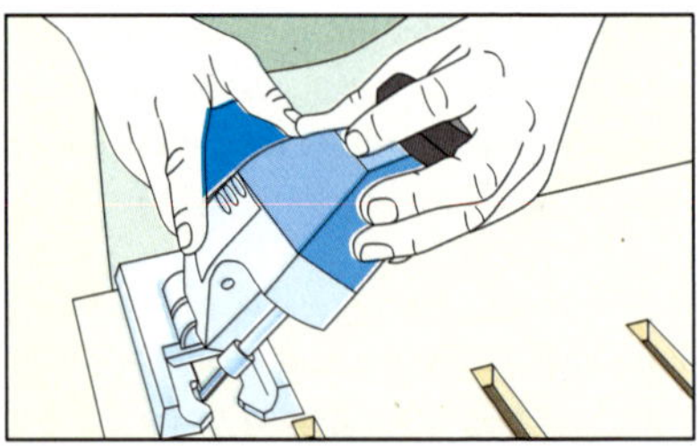

8 Con un morsetto tenete fermo ogni pezzo, regolate il piano di base della sega da traforo e tagliate lungo le linee.

RIFINITURA

PREPARAZIONE

- Nel caso di ammaccature del legno, eliminatele coprendole con un panno bagnato e passando sopra il panno con il ferro da stiro: il vapore e il calore penetreranno nel legno e faranno gonfiare la fibra. Potrà essere necessario ripetere questa operazione due o tre volte se l'ammaccatura è molto evidente.
- Per rimuovere in maniera adeguata graffi che attraversano la venatura dovrete servirvi di un raschietto. Scartavetrare i graffi per eliminarli non è sempre la soluzione migliore, in quanto può lasciare incavi notevoli.
- Stuccate sempre i fori dei chiodi e qualunque altro spazio sulla faccia esterna.
- Levigate bene la superficie con carta vetrata a grana 180. Se state utilizzando del compensato, fate attenzione a non levigare troppo le facce per non renderle ruvide, ma concentratevi sui bordi. Utilizzate una buona qualità di stucco per legno per riempire le ammaccature o i fori che rimangano visibili dopo la rifinitura.

VERNICIATURA

Se intendete verniciare il portabottiglie, applicate per prima cosa una mano di mestica in modo da ricoprire bene il legno. Questa applicazione consente inoltre di ottenere una rifinitura più liscia. Applicate due mani del colore di vostra scelta, non dimenticando di passare con la carta vetrata a grana 180 prima di stendere la seconda mano. Se utilizzate del compensato, scegliete una mestica di buona qualità che sia specificamente formulata per questo materiale.

APPLICAZIONE DI LACCA O VERNICE

Se intendete verniciare o laccare il portabottiglie, accertatevi di aver eliminato tutto l'adesivo in eccesso prima di applicare la rifinitura, altrimenti essa non penetrerà nel legno e alla fine compariranno macchie bianche.
Per prima cosa applicate una mano di isolante a vostra scelta e lasciatela asciugare prima di passare con carta vetrata a grana 200. Passate la mano finale con un pennello di buona qualità da 75 mm per grandi superfici piane, lavorando in direzione della venatura. Usate un pennello sempre ben bagnato e lavorate da un'estremità all'altra con mani il più piene possibili. Muovete il pennello lentamente sulla superficie, osservando il materiale colare dal pennello. In alcune situazioni potrebbe essere necessaria una terza mano; in questo caso, passate ancora la carta vetrata e spolverate attentamente prima di applicare la mano finale.

Questa bella rifinitura è stata ottenuta con diverse mani di vernice acrilica lucida.

Mantenete ordine sulla scrivania grazie a questo mobiletto dal design elegante, che include ripiani per la carta, scomparti per la corrispondenza, un armadietto per i floppy disk e un cassetto per penne e matite.

Mobiletto a scomparti

Complemento ideale per qualsiasi scrittoio, questo elegante mobiletto è formato da alcuni ripiani, un armadietto munito di anta e un cassetto. Costruirlo vi risulterà semplice, se sarete precisi nelle misurazioni e nei tagli.

COME TAGLIARE LE PARTI

1. Servendovi di una riga (o di un metro) e di una squadra, tracciate tutte le parti del mobile sui fogli di compensato. Assicuratevi che il lato della squadra sia allineato con il bordo del foglio quando tracciate le parti distanti dal bordo. Per le parti più grandi potete aiutarvi con un pezzo di legno diritto. Lasciate una distanza di circa 3-5 mm tra le diverse parti per poter segare con facilità. Ricordate che molte di queste sezioni dovranno formare coppie parallele.

MATERIALI*

Parte	Materiale	Lunghezza/Larghezza	Quantità
Piano superiore/fondo	MDF spessore 12 mm	350 x 235 mm	2
Lati	MDF spessore 12 mm	370 x 235 mm	2
Ripiani	MDF spessore 12 mm	334 x 225 mm	2
Ripiani per la carta	MDF spessore 5 mm	337 x 224 mm	2
Divisorio verticale	MDF spessore 5 mm	161 x 224 mm	2
Lato armadietto	MDF spessore 12 mm	158 x 225 mm	1
Anta	MDF spessore 12 mm	148 x 148 mm	1
Faccia cassetto	MDF spessore 12 mm	324 x 48 mm	1
Lati cassetto	MDF spessore 12 mm	200 x 48 mm	2
Fondo cassetto	MDF spessore 5 mm	311 x 198 mm	1
Retro cassetto	MDF spessore 12 mm	310 x 30 mm	1
Retro mobiletto	MDF spessore 5 mm	365 x 335 mm	1
Guide cassetto	MDF spessore 5 mm	210 x 11 mm	2

ALTRO: due supporti per ripiani in plastica con perni in acciaio da 5 mm. Tre fogli di carta vetrata a grana 180. Adesivo PVA. Chiodi da pannello da 30 mm. Chiodi da pannello da 20 mm. Vernice per rifinitura a piacere. Due piccole maniglie.

* Misure finali: altezza 378 mm; larghezza 350 mm e profondità 235 mm.
Per informazioni sul compensato vedi la nota a pagina 49. Per un mobile di queste dimensioni sono necessari due fogli di compensato, entrambi da 1200 x 600 mm, uno spesso 12 mm e uno spesso 5 mm.

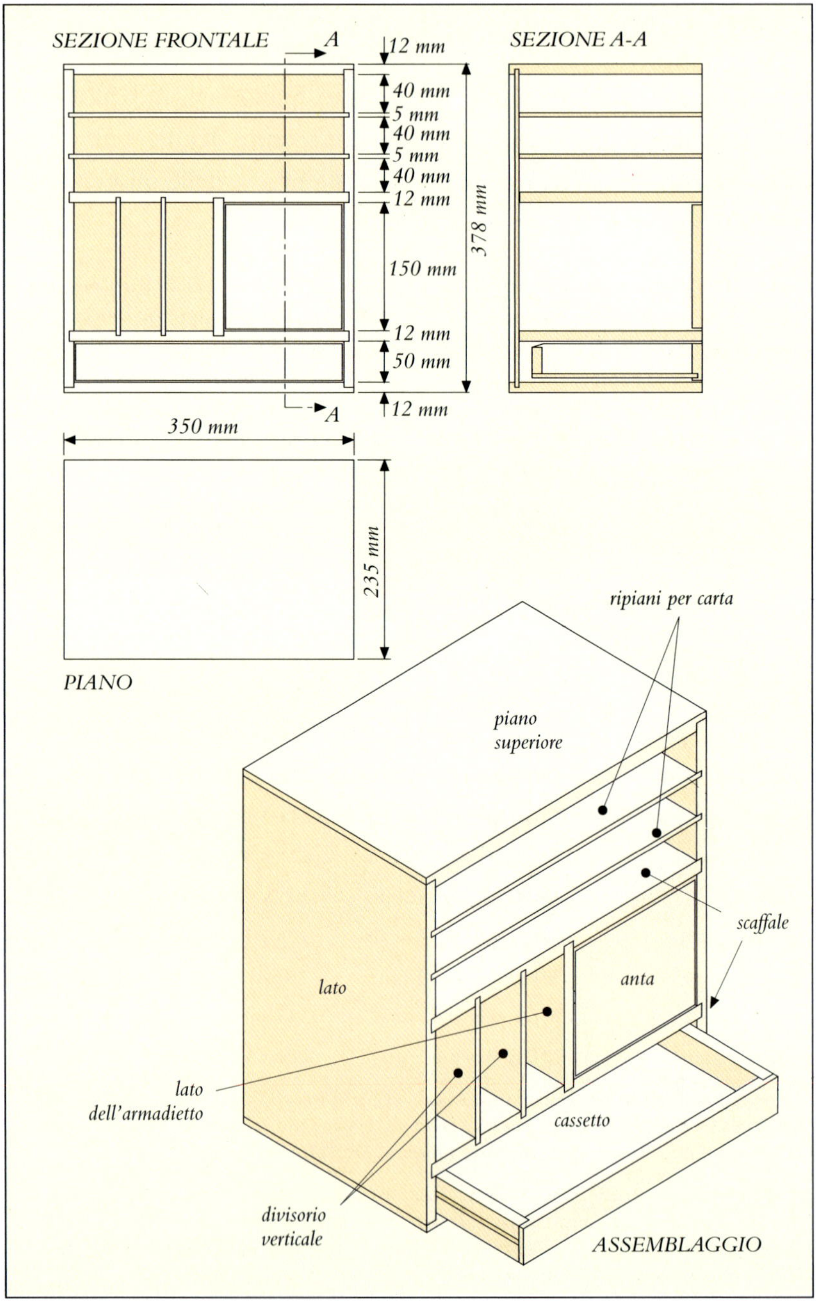
SEZIONE FRONTALE
A
12 mm
40 mm
5 mm
40 mm
5 mm
40 mm
12 mm
150 mm
12 mm
50 mm
12 mm
378 mm
A
SEZIONE A-A
350 mm
235 mm
PIANO
ripiani per carta
piano superiore
scaffale
lato
anta
lato dell'armadietto
cassetto
divisorio verticale
ASSEMBLAGGIO

ATTREZZI

- Metro pieghevole o a nastro
- Squadra universale
- Matita
- Morsetti a G
- Sega da pannello
- Sega per tenoni
- Sega circolare portatile (facoltativa)
- Morsa
- Pialla
- Fresatrice elettrica portatile (facoltativa)
- Punte per fresatrice verticale: 5 mm e 12 mm, per taglio diritto
- Scalpelli: 5 mm e 12 mm
- Trapano portatile elettrico
- Punta per il trapano: 5 mm
- Due morsetti a fascia
- Martello
- Smerigliatrice elettrica portatile (facoltativo)
- Blocco abrasivo di sughero (facoltativo)
- Occhiali protettivi
- Protezione per le orecchie
- Mascherina antipolvere

2. Con i morsetti assicurate la prima tavola di compensato a una superficie da lavoro adatta e controllate che tutta l'area intorno al pezzo su cui lavorerete sia libera. Praticate i tagli con una sega da pannello (o una sega circolare se l'avete a disposizione). Mantenetevi dal lato di scarto rispetto alle linee della matita e praticate tagli diritti.

3. Prendete i due pezzi corrispondenti ai lati del mobiletto e fissateli nella morsa in maniera tale che le linee siano allineate. Servendovi di una pialla, levigate un bordo lungo. Non oltrepassate le linee, piuttosto, se necessario, lasciate che i pezzi siano leggermente più grandi della misura richiesta. Sarà più semplice eliminare una piccola parte di materiale quando sarete più avanti nel lavoro rispetto che tagliare un pezzo nuovo e ricominciare da capo.

4. Voltate i pezzi nella morsa, così da poter piallare le estremità ad angolo retto con il lato lungo. Assicuratevi di piallare in linea con la riga e di far sì che le estremità siano perpendicolari al bordo lungo e al lato frontale. Ripetete l'operazione per tutti i lati del pezzo. Servendovi di un metro a nastro o di una riga controllate che le dimensioni ottenute corrispondano a quelle desiderate. Ripetete questa operazione con tutte le parti dell'unità, quindi, se alcune dovessero risultare troppo piccole, tagliatele di nuovo nella misura giusta.

COME PREPARARE LE PARTI

5. Ricavate in alto e in basso delle scanalature larghe 12 mm e profonde 8 mm. Se utilizzate una fresatrice attrezzatela con una punta per scanalature da 12 mm e stabilite la profondità a 8 mm. La guida d'appoggio dovrà essere fissata a 12 mm. Assicuratevi che i lati si inseriscano nelle scanalature con una sporgenza minima o nulla.

6. Prendete i lati dei due cassetti e, allo stes-

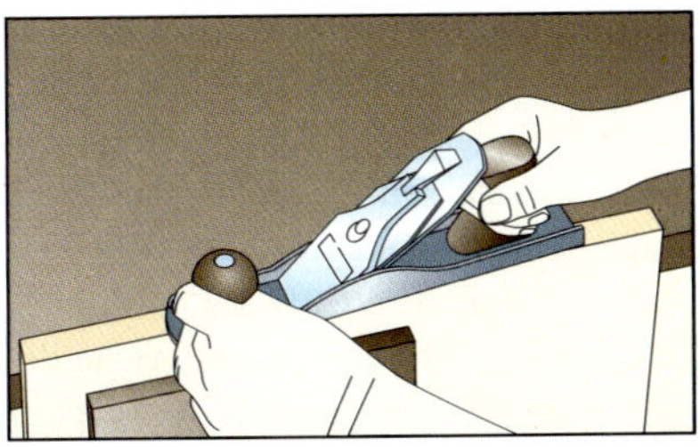

4 Servitevi di una pialla per lisciare e raddrizzare i bordi di tutte le parti, quindi controllatene le dimensioni.

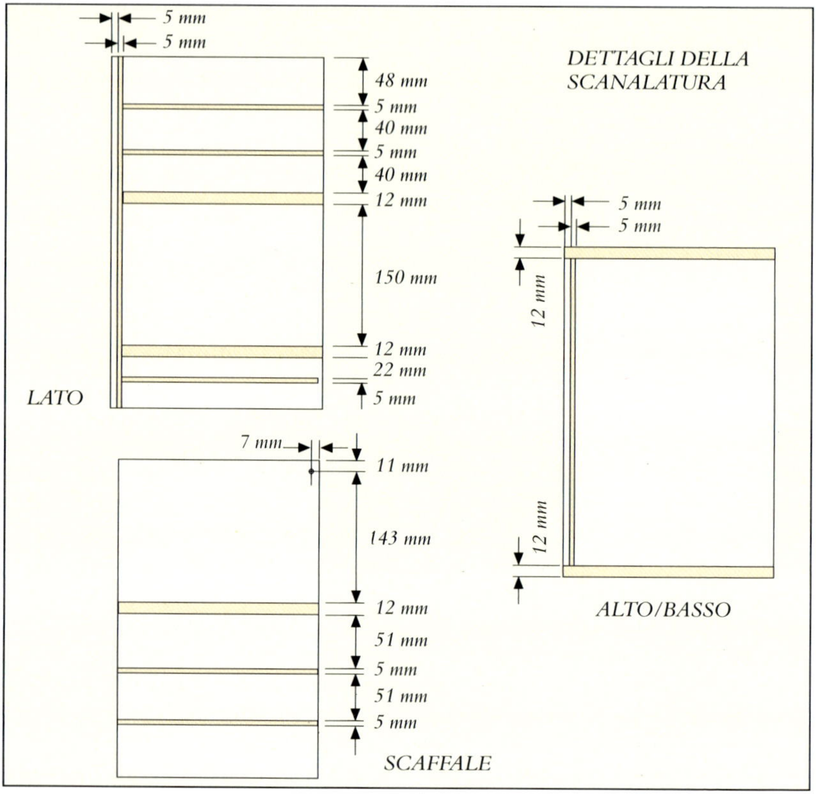

so modo, intagliate le scanalature nei bordi posteriori, quindi tagliate i punti di incastro sul lato frontale del cassetto per inserirvi i lati.

7. Praticate le scanalature per il pannello posteriore, cominciando con l'alto e con il basso. Preparate la fresatrice verticale con una punta da 5 mm, quindi disponete la guida d'appoggio in maniera tale che si trovi a 5 mm di distanza dal bordo della punta e abbia una profondità di taglio di 6 mm. Con i morsetti fissate le parti al piano da lavoro in maniera tale che non si muovano e, nel caso non abbiate a disposizione una guida incorporata alla fresatrice, con i morsetti fissate una guida alle parti. Ripetete questa operazione per praticare le scanalature sui lati. Se necessario, servitevi di uno scalpello per pulire bene le scanalature.

8. Praticate le scanalature per il fondo sui lati e sulla parte frontale del cassetto. Le istruzioni per l'utilizzo della fresatrice verticale sono le stesse che abbiamo indicato al punto 7.

9. Per assicurarvi che le parti vengano marcate simmetricamente, allineate i bordi frontali dei pezzi laterali e marcate le scanalature per i ripiani per la carta. Allo stesso modo prendete i due ripiani e segnate le scanalature per i divisori verticali. Assicuratevi che le scanalature siano su facce opposte, così che i ripiani formino una coppia. Incidete le scanalature.

10. Intagliate le scanalature per le guide del cassetto. Se vi servite di una fresatrice verticale, fissate con i morsetti una guida d'appoggio sopra i lati, per ottenere la giusta distanza dalla scanalatura. Dovrete abbassare la fresatrice verticale nel materiale per evitare di farla passare sul bordo posteriore quando iniziate a intagliare. Appoggiate la base della fresatrice verticale alla guida d'appoggio e allineate la lama con la scanalatura posteriore prima di azionare la fresatrice verticale, quindi abbassatela sul materiale una volta che la lama avrà raggiunto la massima velocità. Questa è un'operazione molto delicata, per cui dovete lavorare con cautela. Fermate la scanalatura a 4 mm di distanza dal bordo anteriore.

11. Intagliate le scanalature che erano rimaste incomplete in modo che corrispondano alle guide, quindi portatele fino al bordo anteriore.

12. Passando ai lati, seguite la medesima procedura per intagliare le scanalature da 12 mm per i ripiani. Prendete i ripiani e intagliate una scanalatura da 12 mm sul fondo di uno di essi e una sulla parte superiore dell'altro; serviranno per incastrare il lato dell'armadietto.

13. Prendete i due ripiani e segnate la posizione dei fori da 5 mm per i chiodi destinati a fungere da perni per l'anta. Questi dovrebbero essere a una distanza di 143 mm dal lato dell'armadietto e a 7 mm dal bordo anteriore. Trapanate fori della profondità di 7 mm.

ASSEMBLAGGIO

14. Controllate che le parti si incastrino, cominciando con i due ripiani e i lati dell'armadietto. I punti di giuntura dovrebbero incastrarsi con una leggera pressione; se l'incastro dovesse risultare difficoltoso, prendete un pezzo di legno di scarto e levigate i bordi finché si inseriranno facilmente nella scanalatura. Avvolgete il legno di scarto con carta vetrata a grana 180 e levigate leggermente la scanalatura, quindi riprovate a incastrare le parti.

15. Mettete a contatto i lati del mobiletto con il ripiano e incastrateli. Potreste avere bisogno di un piccolo morsetto a fascia per tenere saldamente insieme i punti di giuntura. Assicuratevi che i ripiani si trovino in linea con la scanalatura sul retro. Se i ripiani fuoriescono leggermente sul davanti, in seguito potrete sistemarli servendovi di una pialla. Se invece i ripiani retrocedono sarà necessario portarli in avanti per essere sicuri che siano in linea.

16. Sistemate il fondo in posizione e fissatelo con un morsetto. Mettete in piedi il mobile, quindi fate scivolare in posizione il pannello che costituirà il retro. Se necessario, fate piccoli aggiustamenti per tenerlo in posizione. Se le scanalature vi sembrano troppo strette, aggiustatele adesso. Mettete il piano superiore in posizione, quindi fissatelo con un morsetto al mobiletto. Accertatevi che tutti i punti di giunzione si incastri-

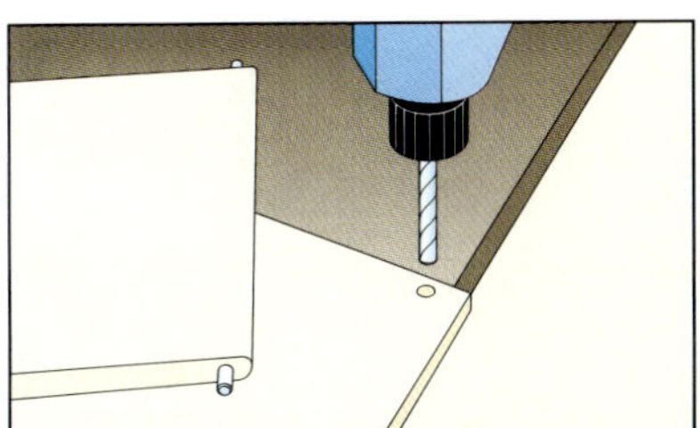

13 Praticate i fori per i chiodi nei ripiani, calcolando una distanza di 143 mm dal lato dell'armadietto e 7 mm dal bordo.

no perfettamente e che i componenti dell'unità siano perpendicolari tra loro controllando le diagonali e osservando che i lati siano paralleli e non incurvati verso l'esterno o verso l'interno.

17. Se il piano superiore e il fondo scanalati non sono in linea con i lati, dovrete riutilizzare la fresatrice verticale e allargare leggermente le scanalature. Fate questa operazione all'inizio, in quanto influirà sulla disposizione dei ripiani. Se i lati sono ora inarcati verso l'esterno, assicuratevi che le giunture siano ben strette. Se lo sono, regolate la lunghezza dei ripiani. Piallate contemporaneamente le estremità di entrambi i ripiani e l'estremità più distante dalla porta.

18. Assicuratevi che i ripiani per la carta e i pannelli divisori verticali si incastrino, senza essere troppo stretti, nelle scanalature. È necessario che l'incastro non sia troppo stretto, in quanto lo diventerà una volta che i pannelli verranno dipinti. Assicuratevi che l'anta corrisponda all'apertura e che tutto intorno abbia uno spazio di 1 mm. Piallate il bordo esterno (quello con i cardini) così da arrotondarlo leggermente.

19. Per assemblare il cassetto, mettete le guide del cassetto nelle scanalature fatte sui lati dell'armadietto. Successivamente assemblate il cassetto, senza adesivi né perni. Le sue dimensioni ridotte vi permetteranno di tenerlo insieme con le mani. Cercate di far scivolare il cassetto nel mobiletto. Il retro dovrebbe essere più stretto rispetto alla parte anteriore di 1 mm, e questo vi permetterà di farlo scivolare nel mobiletto senza difficoltà. Altrimenti, levigate le scanalature come descritto nel punto 14 o riducete larghezza e spessore della guida.

20. Quando il cassetto avrà raggiunto le dimensioni ottimali, smontatelo e applicate l'adesivo alle scanalature poste sulla parte anteriore. Mettete i lati in posizione e fissate la giuntura con chiodi da pannello da 30 mm. Fate scivolare il fondo in posizione e applicate dell'adesivo alle scanalature posteriori. Ribaltate il cassetto, mettete un blocchetto di legno di scarto sotto il retro, sistemate questo in posizione e fissate chiodi da pannello da 20 mm facendoli passare attraverso il fondo e quindi nel retro.

21. Smontate l'intera unità. Con il trapano praticate dei fori per i perni delle cerniere sui bordi inferiore e superiore dell'anta servendovi di una punta da trapano da 5 mm. I punti da trapanare sono a 142 mm dal bordo dove l'anta chiude, con una profondità di 9 mm.

20 Assemblate il cassetto applicando dell'adesivo alle scanalature e inchiodando le giunture con perni da 30 mm.

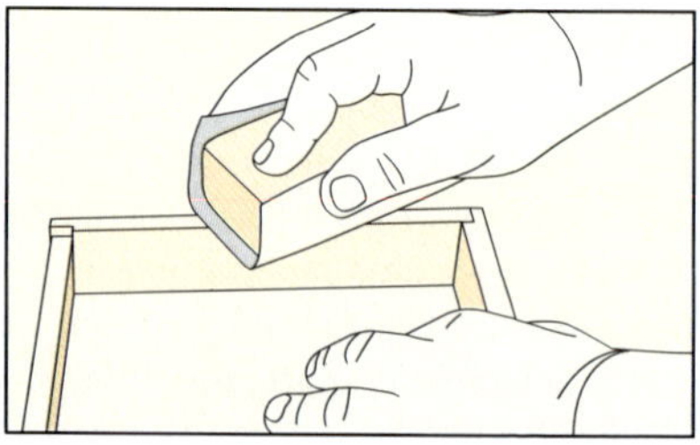

22 Passate le varie parti con la carta vetrata, arrotondando leggermente tutti gli spigoli esposti.

RIFINITURA

22. Applicate la rifinitura che preferite alle varie parti a questo stadio del vostro lavoro (vedi il box a pag. 21), in quanto sarà difficile raggiungere tutte le superfici una volta che avrete assemblato l'unità. Per prima cosa, scaratavetrate tutti i bordi e smussate i margini affilati. Eliminate qualsiasi segno che possiate aver lasciato con la sega e riparate le eventuali imperfezioni. I fori potranno essere riempiti con stucco. Passare con la carta vetrata l'MDF genera una polvere molto fine che può causare irritazioni a pelle e occhi. Per questa ragione servitevi di una mascherina antipolvere e di occhiali protettivi.

23. Montate di nuovo l'unità, questa volta servendovi dell'adesivo. Togliete i perni di metallo da 5 mm dai supporti dello scaffale ed eliminate questi supporti. Quando assemblerete gli scaffali, inserite i perni nei fori guida e fissate l'anta. Con un morsetto tenete insieme le giunture e fate passare due chiodi da pannello da 30 mm attraverso lo scaffale fino a penetrare nel lato del mobiletto. Inserite e stuccate le teste. Quando lo stucco sarà completamente asciugato, passatelo di nuovo leggermente con la carta vetrata e ritoccate i segni con la vernice.

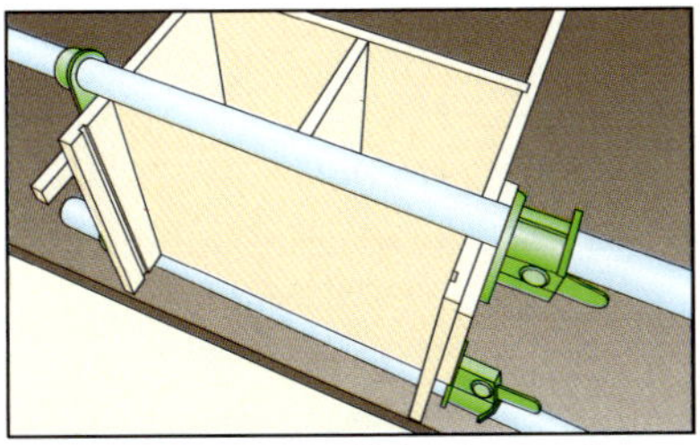

23 Rimontate gli scaffali e l'armadietto, quindi aggiungete i lati, tenendo insieme le giunture attraverso un morsetto.

Giunti perfetti che si incastrano alla perfezione sono una caratteristica di questa unità a scomparti.

24. Servitevi di chiodi da pannello da 30 mm e di adesivo per tenere insieme le giunture a scanalatura e, se necessario, quelle a incastro. Non dimenticate di rimettere il pannello posteriore al suo posto. Inserite e stuccate tutte le teste dei chiodi. Mentre lo stucco asciuga, appoggiate l'unità sul pannello posteriore e controllate che tutte le giunture si incastrino perfettamente. Applicate dello stucco a tutte le giunture che presenteranno spazi non necessari. Quando lo stucco sarà asciutto, passate con carta vetrata a grana 180.

25. Servendovi di un pennello, applicate la rifinitura scelta all'esterno e sui bordi (le superfici all'interno saranno difficili da raggiungere, ma la rifinitura applicata in precedenza dovrebbe essere sufficiente). Non dimenticate il cassetto e i ripiani per la carta.

26. Inserite il cassetto, i ripiani per la carta e i divisori verticali. Se le parti non si incastrano con facilità, scartavetrate le scanalature come descritto al punto 14, e applicate cera di candela o sapone alle scanalature, alle guide e ai ripiani. Fissate le maniglie alla porta e al cassetto.

Mobiletto a moduli

Costituito da quattro unità modulari separate tenute insieme con dei perni, questo mobile può variare nella composizione a seconda delle vostre esigenze di spazio. Alcuni moduli sono costituiti da armadietti forniti di anta, altri da scaffali aperti.

MATERIALI*

Parte	Materiale	Lunghezza/Larghezza	Quantità
Lati	MDF spessore 16 mm	320 x 250 mm	8
Fondo	MDF spessore 16 mm	304 x 245 mm	4
Piani di supporto	MDF spessore 16 mm	304 x 226 mm	2
Piano superiore	MDF spessore 16 mm	337 x 250 mm	1
Scaffale	MDF spessore 16 mm	304 x 245 mm	1
Anta	MDF spessore 16 mm	302 x 302 mm	2
Pannello posteriore	MDF spessore 9 mm	320 x 325 mm	3
Pannello posteriore superiore	MDF spessore 9 mm	320 x 325 mm	1

ALTRO: 2 m di bacchette per perni del diametro di 8 mm. Adesivo PVA. 4 cerniere da armadietto da 110 gradi con piastre da montaggio (assicuratevi che siano del tipo che permette di inserire l'anta all'interno dell'armadietto). 2 maniglie. 18 chiodi a testa piatta da 20 mm. Vernice per finitura a piacere.

* Per questo progetto vi servirà un foglio di compensato della misura di 2400 x 1200 mm. A progetto finito le misure dell'armadietto (4 unità) saranno le seguenti: altezza 1296 mm. Larghezza 336 mm. Profondità 250 mm. Ogni unità avrà un'altezza di 320 mm senza considerare il ripiano superiore. Per una nota sull'MDF vedi p. 49.

ATTREZZI

- Squadra universale
- Regolo
- Matita
- Sega circolare portatile
- Fresatrice verticale elettrica portatile (facoltativa)
- Scalpello: 25 mm
- 2 morsetti a vite da 400 mm
- 2 morsetti a fascia
- Graffietto
- Trapano elettrico portatile
- Punte per il trapano: 8 mm, 5 mm, 35 mm di tipo forstner
- Pialla
- Martello
- Cacciavite (a stella o semplice)
- Mascherina antipolvere
- Occhiali protettivi
- Protezione per le orecchie

Le unità sono composte in modo tale da poter essere sistemate una sopra l'altra o una di fianco all'altra in diverse configurazioni. Ogni unità è provvista di un pannello inferiore, mentre quello superiore viene aggiunto solamente all'unità che verrà situata in cima alle altre.

COME PREPARARE LE PARTI

1. Adagiate il foglio di materiale su un piano di lavoro sicuro. Segnate i tagli a venatura (a 250 mm di distanza) lungo la lunghezza della tavola servendovi di una matita e di un regolo. Preparate una guida d'appoggio per guidare la sega lungo i tagli. È meglio ritagliare la parte in misura leggermente più grande del necessario per lasciare spazio a un'eventuale piallatura, e pensare alla misura finale in uno stadio più avanzato del progetto. Segnate i tagli di testa dopo aver praticato i tagli secondo la venatura del legno.

2. Con il pezzo ben fissato al piano di lavoro segnate i tagli di testa servendovi di una matita e di una squadra universale. Se utilizzate una sega circolare portatile potete segnare i tagli di volta in volta.

3. Decidete quali pezzi saranno quelli laterali e segnateli con una croce sul retro. Servendovi di una sega o di una fresatrice verticale con una punta per scanalature praticate scanalature larghe 5 mm e profonde 1 mm. Praticate scanalature sui bordi posteriori.

4. Con un morsetto tenete insieme i lati a due a due, con i bordi anteriori a livello e le scanalature una accanto all'altra. Servendovi di una matita e di una squadra, segnate la posizione dei perni sui bordi superiori e inferiori, a 50 mm dal bordo anteriore e 55 mm da quello posteriore. Misurate con molta attenzione, in quanto i fori per i perni devono essere posizionati con la massima accuratezza per permettervi di unire i vari componenti.

5. Aggiustate il graffietto a 8 mm come mostrato nella figura, e segnate ogni bordo per trovare la posizione centrale in cui praticare il foro. Fate i fori di profondità minima di 10 mm. Misurate 10 mm lungo la punta del trapano e avvolgetevi un pezzo di nastro isolante che funzionerà da guida di profondità durante la perforazione. Ricordatevi di controllare, per ogni foro, la direzione del trapano.

6. Prendete gli scaffali e i ripiani di supporto e teneteli insieme con un morsetto, con i bordi posteriori a livello. Segnateli e trapanate i fori come avete fatto per i pezzi laterali, a una profondità di 30 mm.

7. Prendete le parti laterali del mobile, lo scaffale centrale e i ripiani di supporto e praticate dei fori che corrispondano a quelli negli scaffali e nei ripiani di supporto. Con un morsetto fissate le parti laterali a

4 Con un morsetto tenete insieme i lati e servitevi di una penna e di una squadra per tracciare la posizione dei perni.

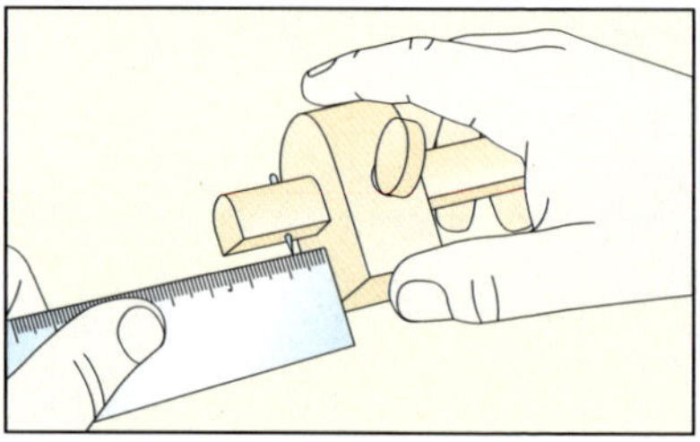

5 Aggiustate il graffietto a 8 mm e tracciate dei segni lungo i bordi per trovare la posizione centrale per i fori per i perni.

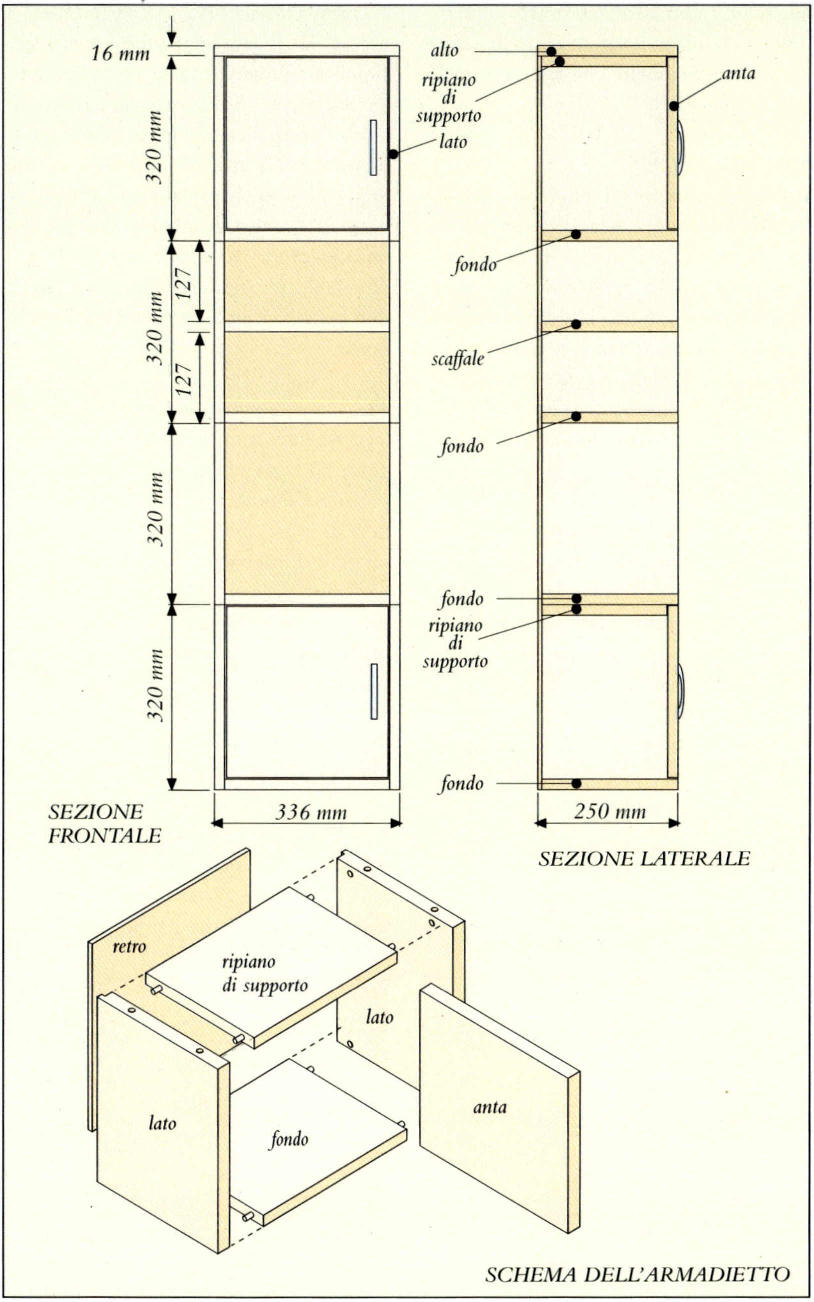
16 mm
320 mm
320 mm
127
127
320 mm
320 mm
alto
ripiano di supporto
lato
anta
fondo
scaffale
fondo
fondo
ripiano di supporto
fondo
336 mm
250 mm
SEZIONE FRONTALE
SEZIONE LATERALE
retro
ripiano di supporto
lato
lato
fondo
anta
SCHEMA DELL'ARMADIETTO

due a due, con la faccia interna rivolta verso l'alto e i bordi scanalati insieme. Tracciate una linea orizzontale che tagli a metà lo scaffale.

ASSEMBLAGGIO

8. Dopo aver trapanato tutti i fori, controllate che le parti si incastrino senza problemi con le facce e i bordi a livello. Alcune delle posizioni dei perni dovranno essere leggermente aggiustate, levigando un poco i bordi dei perni. Quando le parti si incastreranno accuratamente, dovrete decidere se fissare l'anta alla destra o alla sinistra dell'unità. Segnate il lato prescelto e smontate l'unità.

9. Prendete i lati sui quali monterete le cerniere per l'anta, quindi, servendovi della sagoma che accompagna le cerniere, segnate la posizione della piastra per la cerniera. Leggete molto attentamente le istruzioni per il montaggio prima di installare. È molto più facile farlo adesso che quando i pezzi saranno assemblati. Fissate le piastre delle cerniere, quindi rimuovetele: le fisserete di nuovo dopo l'assemblaggio e la verniciatura.

10. Ordinate le parti a gruppi, così da avere insieme tutti i lati, i fondi, tutti gli scaffali e i piani superiori (se necessari). Tenete a portata di mano un panno umido per rimuovere l'adesivo in eccesso che potrebbe fuoriuscire quando fisserete i pezzi con i morsetti. Applicate l'adesivo ai fori, quindi servitevi di una matita per ricoprirne uniformemente le pareti e per eliminare le parti in eccesso. Applicate una piccola quantità di adesivo al bordo degli scaffali e dei ripiani di supporto. Aiutatevi con il dito per ricoprire uniformemente l'intero bordo.

11. Mettete i perni nei fori picchiettando leggermente con un martello. Avvicinate i pezzi corrispondenti e incastrateli nella posizione appropriata. Se risulteranno difficili da unire, aiutatevi con un martello e un blocco. Sistemate i morsetti sul davanti e sul retro delle giunzioni per tenere insieme l'assemblaggio mentre l'adesivo farà presa (circa 30 minuti). Sarebbe meglio posizionare i blocchetti di legno tra il morsetto e l'unità, per non danneggiare il lavoro. Controllate che le parti siano perpendicolari tra loro verificando che le misure delle diagonali siano identiche. Aggiustare leggermente la posizione dei morsetti potrà aiutarvi a raddrizzare l'unità. Eliminate l'adesivo in eccesso prima che asciughi servendovi di un panno umido e di

7 A due a due mettete insieme tutti i pezzi laterali. Tracciate una linea orizzontale che tagli a metà lo scaffale.

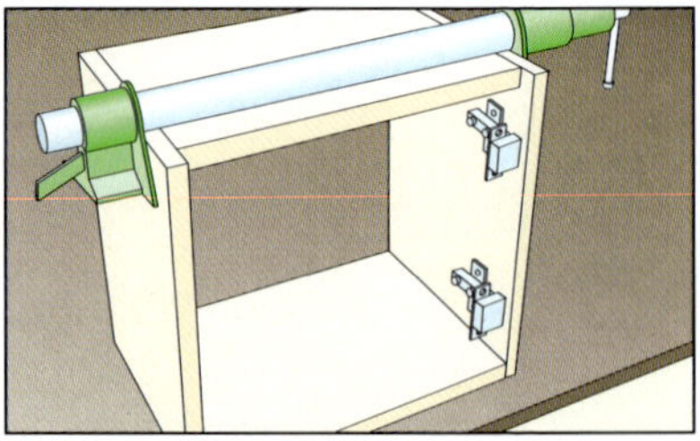

11 Disponete i morsetti sul davanti e sul retro delle giunture e un divaricatore temporaneo che attraversi la faccia aperta.

uno scalpello per lavorare intorno agli angoli più difficili. Ripetete l'operazione per tutti e quattro i moduli. Se le giunzioni sono ancora lente a causa dei perni che non penetrano completamente, potete inserire un chiodo da pannello da 40 mm all'interno del giunto, facendo penetrare le teste dei chiodi sotto la superficie e riempiendo i fori con dello stucco. Sistemate un divaricatore temporaneo che attraversi la faccia aperta dell'unità formata dalle tre parti, per assicurarvi che questa non si storga mentre l'adesivo asciuga. Lasciate asciugare tutte le unità.

COME AGGIUNGERE LE ANTE

12. Prendete le ante e controllate che si inseriscano senza problemi nelle aperture del mobile. Se necessario, aggiustatele con una pialla. Inserite i cardini (vedi riquadro a destra).

RIFINITURA

13. Controllate che i pannelli posteriori si inseriscano nelle unità e, se necessario, levigateli con una pialla.

14. Togliete le ante dalle unità, quindi preparate tutte le parti per la verniciatura. (È più facile dipingere questa unità senza porte e senza pannelli posteriori). Rifinite l'unità come desiderate (vedi schema a p. 21).

15. Inchiodate i pannelli posteriori all'unità come indicato nel diagramma a pagina 33 e servendovi di chiodi a testa piatta da 20 mm. Segnate la posizione finale dei pannelli posteriori.

16. Rimontate i cardini sulle ante e le piastre da montaggio sulle unità. Attaccate e sistemate le porte. Inserite infine le maniglie sulle ante.

COME INSERIRE I CARDINI NELLE ANTE

1. Appoggiate l'armadietto su un lato in modo che il lato con il cardine sia in basso. Tracciate una linea centrale dalla posizione della piastra di montaggio al bordo. Mettete l'anta a contatto con questo bordo di chiusura, assicurandovi che essa abbia spazio di movimento sia in alto sia in basso.

2. Riportate la posizione della linea centrale alla porta e pareggiate la linea verso l'interno a circa 30 mm dal bordo. Su queste linee segnate i centri per i fori per le piastre da montaggio, 21 mm dal bordo in cui la porta si chiude. Prendete il trapano e la punta forstner e praticate i fori a una profondità di 13,5 mm. Non perforate troppo in profondità.

3. Attaccate le cerniere alle ante servendovi delle viti fornite. Assicuratevi che il braccio della cerniera sia ad angolo retto con il bordo dell'anta, quindi inserite l'anta. È raro che le ante si trovino perfettamente in posizione la prima volta che le inserite, quindi saranno sicuramente necessari dei piccoli aggiustamenti.

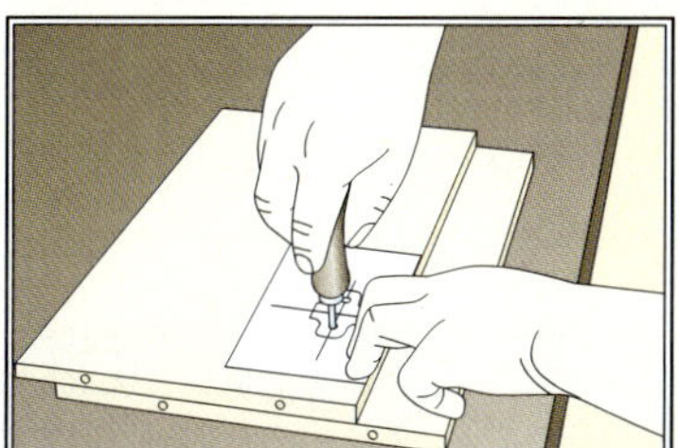

2 Segnate i centri per i fori per le piastre da montaggio, 21 mm all'interno rispetto al bordo in cui l'anta si chiude.

Il vimine utilizzato nei pannelli delle ante dà a questo armadietto un carattere molto particolare, ma altrettanto piacevoli sono sia il compensato sia l'alluminio perforato.

Armadietto a due ante

Questo armadietto molto semplice è composto da due ante e si appoggia su uno zoccolino. La parte centrale delle ante può essere in canna, metallo o legno per variarne l'aspetto, e ulteriori unità possono venir affiancate per creare un mobile di più ampie dimensioni.

MATERIALI*

PARTE	MATERIALE	LUNGHEZZA/LARGHEZZA	QUANTITÀ
Ripiano sup., fondo	truciolato con spessore 16 mm	730 x 450 mm	2
Ripiano centrale	truciolato con spessore 16 mm	730 x 444 mm	1
Parti laterali	truciolato con spessore 16 mm	650 x 450 mm	2
Pannello posteriore	compensato 6 mm	730 x 580 mm	1
Zoccolino	truciolato con spessore 16 mm	718 x 50 mm	1
Montante porta	legno duro 75 x 19 mm	605 mm	4
Traversa porta	legno duro 75 x 19 mm	235 mm	4

ALTRO: Viti per truciolato. Adesivo PVA. Chiodi. 1 confezione di perni. Modanatura piatta da 19 mm. Vimine. Chiodi senza testa. 4 cerniere. 2 maniglie. Vernice per rifinitura a piacere.

* Questo armadietto è stato realizzato in truciolato ma potete utilizzare anche MDF. Un foglio di truciolato sarà sufficiente per completare questo progetto. Dimensioni finali: altezza 655 mm (incluso lo zoccolino), lunghezza 750 mm e profondità 450 mm. Le misure del legno sono indicative (vedi p. 57).

ATTREZZI

- Squadra
- Matita
- Metro
- Sega per tenoni
- Sega da pannello o sega circolare
- Scalpello
- Fresatrice elettrica (facoltativa)
- Punte per la fresatrice verticale: 16 mm diritta, 10 mm diritta
- Trapano elettrico portatile
- Punte per il trapano (inclusa una punta per fissare le cerniere)
- Punta a fresa
- Cacciavite
- Martello
- Punzone per chiodi
- Morsetti
- Pialla
- Bloccho abrasivo
- Mascherina antipolvere
- Occhiali protettivi
- Protezione per le orecchie

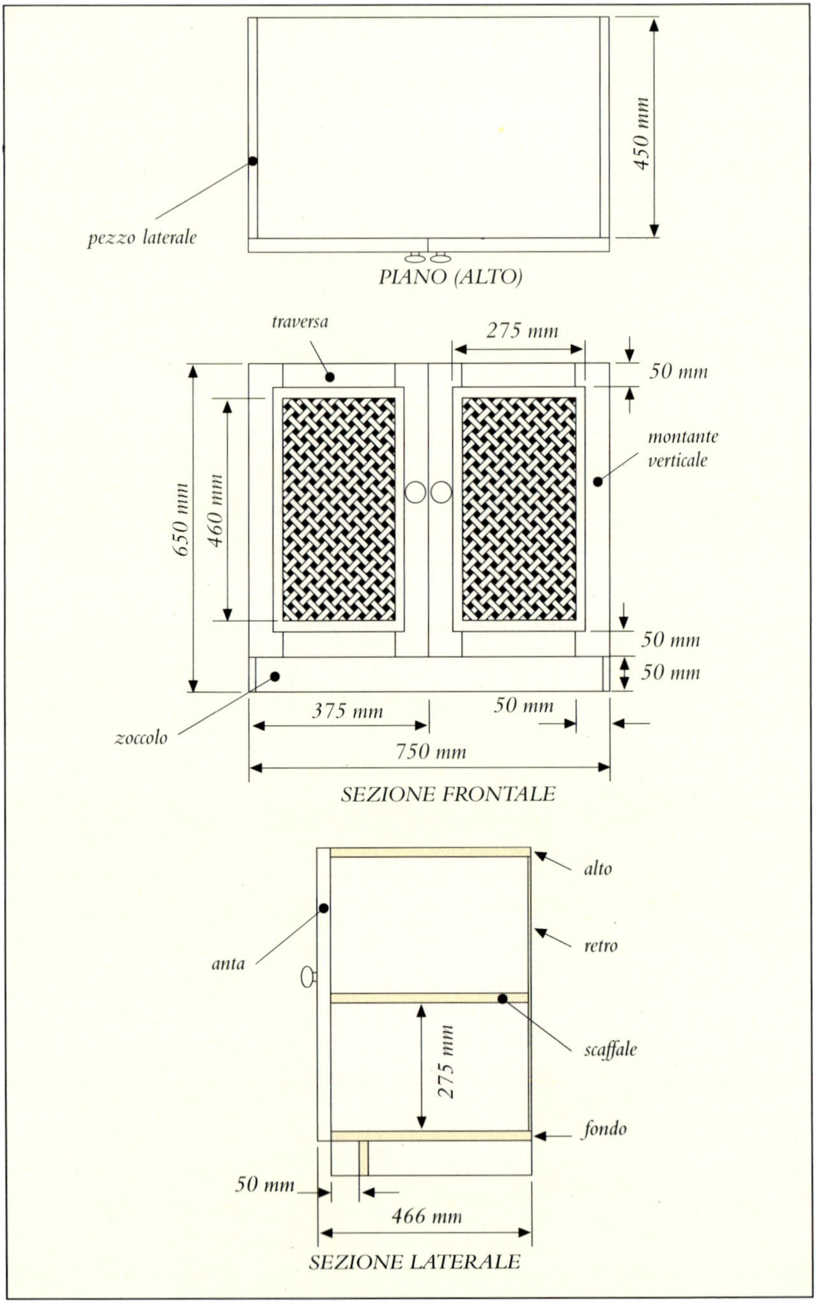
pezzo laterale
450 mm
PIANO (ALTO)
traversa
275 mm
50 mm
montante
verticale
650 mm
460 mm
50 mm
50 mm
zoccolo
375 mm
50 mm
750 mm
SEZIONE FRONTALE
alto
retro
anta
scaffale
275 mm
fondo
50 mm
466 mm
SEZIONE LATERALE

COME COSTRUIRE L'ARMADIETTO

1. Marcate tutte le parti sul foglio di truciolato, servendovi di una squadra per assicurarvi che ogni parte sia rettangolare, quindi ritagliatele.

2. Prendete i due pezzi laterali e, sulla faccia interna di ognuno di essi, segnate la posizione dello zoccolino (a 50 mm di altezza dal fondo). Tracciate un altro segno 16 mm al di sopra del primo, che servirà per il punto di incastro del fondo dell'armadietto. Dalla seconda linea misurate 275 mm verso l'alto e tracciate una linea per il fondo del ripiano centrale, quindi tracciatene un'altra 16 mm al di sopra di questa per il piano superiore del ripiano centrale (se preferite posizionare il ripiano centrale più in alto o più in basso, sistemate il punto di incastro a seconda delle misure prescelte). Tracciate una linea (per il ripiano superiore) che dal bordo superiore si sposti di 16 mm verso il basso. Quando prenderete le misure per le varie posizioni ricordatevi di farlo sempre dallo stesso lato; ciò compenserà eventuali irregolarità nella forma della tavola.

3. Servendovi di una sega e di uno scalpello, o di una fresatrice verticale (vedi p. 9), praticate le scanalature per gli incastri a una profondità di 6mm. Dovrete ottenere tre scanalature per ogni lato, uno per il piano superiore, uno per il ripiano e uno per il fondo.

3 Praticate gli intagli per gli incastri servendovi di una sega e di uno scalpello o di una fresatrice verticale.

Consigli

Per tenere separate le diverse facce delle parti, segnate la faccia "migliore" (quella che diventerà la faccia esterna dell'unità) e il "bordo migliore" (quello che sarà più in vista). Misurate sempre a partire da questo bordo (così che il segno non venga tagliato ed eliminato).

4. Per sistemare il pannello posteriore praticate scanalature di 6 mm sui bordi posteriori dei lati, del piano superiore e del fondo. Assicuratevi che tali scanalature si trovino nella parte inferiore del piano superiore e nella parte superiore del fondo.

5. Trapanate tre fori in ogni scanalatura; uno nel centro e uno a 50-75 mm da ogni estremità. Fate attenzione a non perforare troppo vicino al bordo, o la tavola potrebbe aprirsi. Svasate questi fori dall'esterno, quindi unite con le viti il piano superiore, il ripiano centrale e il fondo a uno dei pezzi laterali, in modo che questi siano a livello con il bordo anteriore. Ripetete l'operazione per l'altro lato.

6. Controllate se lo zoccolino si inserisce correttamente in posizione sotto il piano inferiore e inseritelo a 50 mm dal bordo anteriore. Se l'unità non è stabile, con una pialla levigate leggermente il bordo inferiore dello zoccolino. Trapanate due fori in uno dei lati, a 58 mm all'interno rispetto alla facciata frontale e a 12 mm e 38 mm in alto rispetto al fondo. Ripetete l'operazione dall'altro lato. Svasate i fori all'esterno, quindi avvitate lo zoccolino.

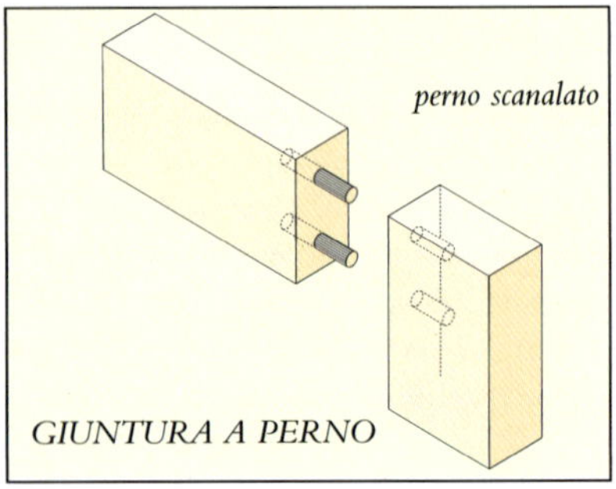

7. Sistemate il pannello posteriore in posizione. Se non si incastra perpendicolarmente, con piccole spinte fate sì che l'unità prenda la corretta posizione, così che il pannello si incastri adeguatamente. Non tagliate il pannello posteriore per incastrarlo. Mettete dell'adesivo intorno alle scanalature e lungo il bordo posteriore del ripiano. Posizionate il pannello posteriore ed inchiodate.

COME REALIZZARE LE CORNICI DELLE ANTE

8. I montanti e le traverse delle ante sono tenuti insieme da coppie di perni. All'interno del bordo, sulla parte superiore di ogni montante, segnate la larghezza della traversa. Localizzate il punto centrale tra questa linea tracciata e l'alto: i fori per i perni dovranno venir praticati a metà strada sopra e sotto il punto centrale (vedi il diagramma a fianco). Ripetete l'operazione al fondo di ogni montante. Se lo desiderate, servitevi di un pezzo di lamiera o di cartone spesso per fare una sagoma dell'estremità della traversa e indicare la posizione dei perni, quindi utilizzatela per marcare sia i montanti sia le traverse.

9. Trapanate i fori per i perni, facendo attenzione a non forare troppo o non abbastanza in profondità. Se forate troppo in profondità, i perni potrebbero non tenere insieme le parti; se non forate abbastanza in profondità, le parti non si incontreranno.

10. Mettete l'adesivo sui perni in maniera uniforme, e fatene penetrare una piccola quantità in ogni foro. Inserite i perni nei fori nelle traverse.

11. Mettete dell'altro adesivo sulle estremità delle traverse, inserite i perni nei montanti e tenete insieme i pezzi con dei morsetti. Lasciate asciugare l'adesivo come specificato. Una volta che l'adesivo sarà asciugato, togliete i morsetti, piallate il livello delle giunture e scartavetrate la faccia delle ante.

12. Sul retro dell'anta, praticate tutti i fori necessari per le cerniere. Seguite fedelmente le istruzioni allegate alla confezione delle cerniere quando dovrete posizionare i fori e praticarli.

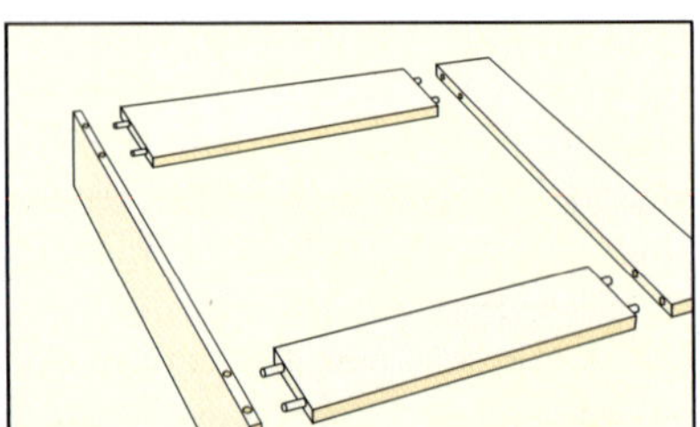

10 Mettete l'adesivo sui perni in maniera uniforme, e fatene penetrare una piccola quantità in ogni foro.

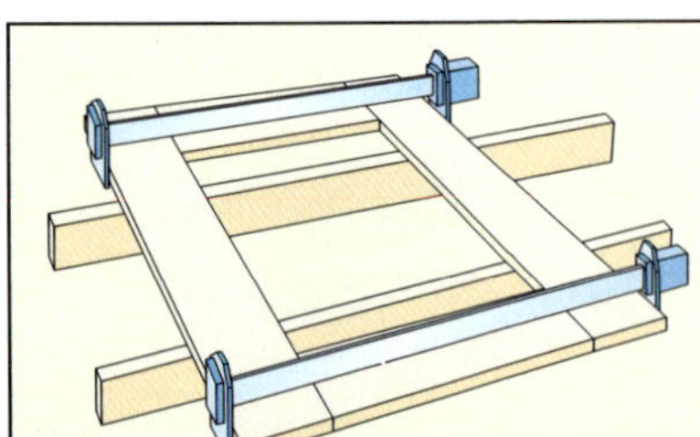

11 Mettete dell'altro adesivo sulle estremità delle traverse, inserite i perni nei montanti e tenete insieme i pezzi con dei morsetti.

La modanatura è incollata e inchiodata per coprire il bordo del vimine.

RIFINITURA

13. Tagliate la modanatura alla lunghezza desiderata con un taglio obliquo di 45° per ogni angolo.

14. Immergete il vimine in acqua per almeno 1 ora, finché si sarà espanso. Sgocciolatelo e tenetelo appeso per circa 5 minuti. Mentre è ancora bagnato, tagliatelo nelle misura desiderata (375 x 600 mm – ogni lato deve essere di almeno 50 mm più grande dell'apertura, così che possiate afferrarlo bene e tenderlo il più possibile). Incollatelo in posizione. Servitevi di graffette o di piccoli chiodi senza testa per fissarlo nella giusta posizione. Tagliate il vimine in eccesso ed eliminatelo.

15. Incollate la modanatura intorno al bordo dei montanti e delle traverse per coprire i bordi del vimine, quindi inchiodatela nella giusta posizione. Fate penetrare le teste dei chiodi sotto la superficie e riempite i fori. Una volta che il vimine sarà asciugato, dovrà essere teso come le corde di una racchetta da tennis. Noterete uno spazio vuoto intorno all'esterno della modanatura. Riempitelo con uno stucco di lattice a base acquosa.

COME USARE UNA FRESATRICE VERTICALE

- Leggete sempre le istruzioni con attenzione prima di cercare di utilizzare una fresatrice verticale.
- Servitevi sempre di morsetti o di una morsa per fissare il lavoro così da poter avere le mani libere per maneggiare la fresatrice verticale. Una guida d'appoggio o un'assicella di legno potrà aiutarvi a guidare la fresatrice verticale.
- Praticate sempre un taglio di prova su un pezzetto di legno di scarto prima di tagliare le parti del mobile. Questo eviterà che facciate degli errori e migliorerà la qualità del vostro lavoro.
- Indossate sempre occhiali di protezione, protezione per le orecchie e una mascherina antipolvere per ogni operazione nella quale utilizzerete una fresatrice verticale.
- Quando praticate scanalature diritte e fessure servitevi della guida d'appoggio fornitavi oppure, con un morsetto, fissate al lavoro un pezzo di legno diritto e fate scorrere con decisione la piastra di base della fresatrice verticale lungo questa guida. Controllate attentamente la posizione prima di praticare il taglio. Regolate la fresatrice verticale alla profondità desiderata. Fate scorrere la fresatrice verticale lungo il pezzo, muovendola avanti e indietro per rimuovere tutto l'eccesso.

16. Fissate le cerniere (vedi lo schema a p. 35). Assicuratevi che le ante siano sistemate simmetricamente.

17. Applicate la vernice di vostra scelta (vedi lo schema a p. 21). Lasciate che l'armadietto asciughi. Fissate alle ante le maniglie che avrete scelto.

Mobile a muro per gli attrezzi

Luogo ideale nel quale tenere in ordine tutti i vostri attrezzi, questo mobile presenta giunture a scanalatura per gli angoli e giunture a incastro per ripiani e divisori. Viene fissato al muro attraverso assicelle a incastro, così da poter essere staccata e portata sul luogo di lavoro quando necessario.

COME TAGLIARE LE PARTI

1. Stabilite dove verranno posizionati i ripiani e i pannelli divisori del vostro mobile porta attrezzi. L'interno è stato disegnato con un ripiano principale, sopra il quale sono situati due divisori verticali con due piccoli ripiani fissati sul lato esterno (vedi diagramma a p. 46). Potete variare questa disposizione a seconda delle necessità, ma ricordate di aggiungere 12 mm alle lunghezze dei ripia-

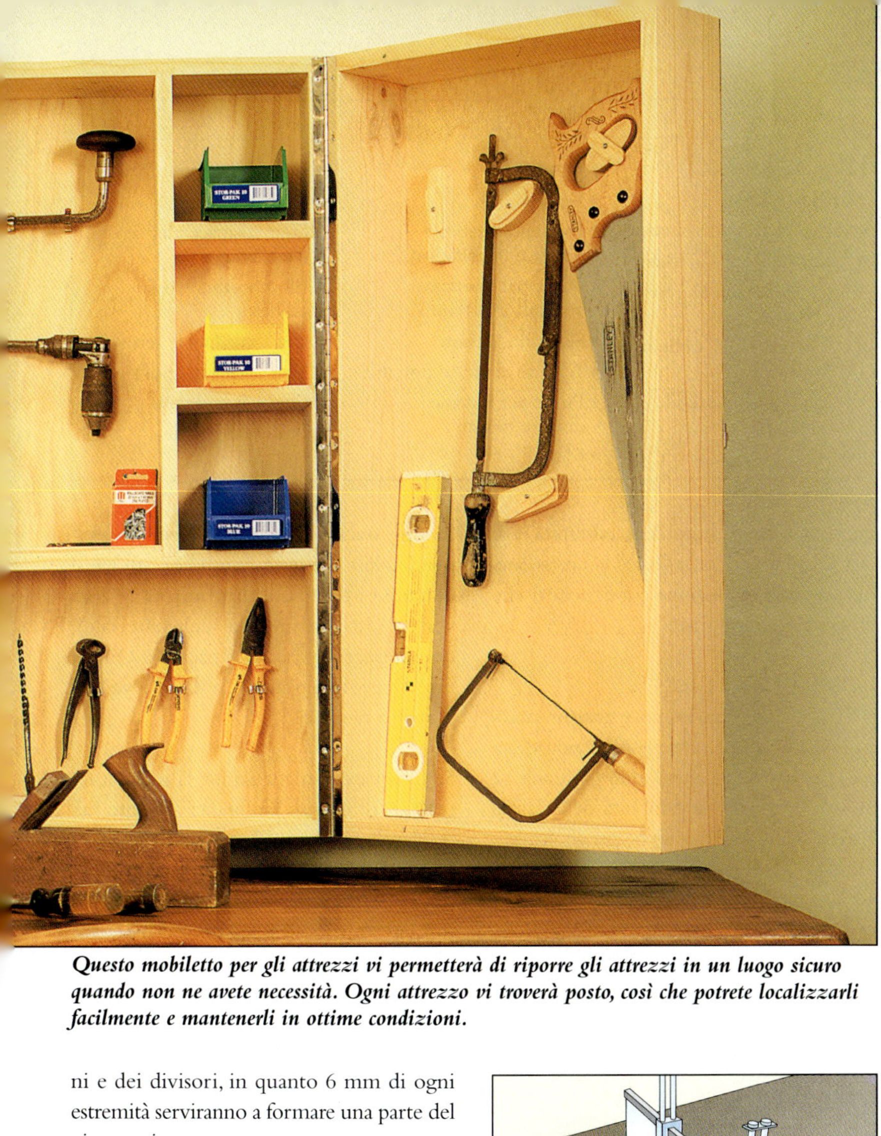

Questo mobiletto per gli attrezzi vi permetterà di riporre gli attrezzi in un luogo sicuro quando non ne avete necessità. Ogni attrezzo vi troverà posto, così che potrete localizzarli facilmente e mantenerli in ottime condizioni.

ni e dei divisori, in quanto 6 mm di ogni estremità serviranno a formare una parte del giunto a incastro.

2. Tagliate tutto il materiale a misura, servendovi di una sega a mano o di una sega da traforo e facendo attenzione a tagliare gli angoli diritti e a 90 gradi. Per tagli molto precisi servitevi di una cassetta per tagli obliqui o di una sega elettrica per tagli obliqui. Potreste avere bisogno di una pialla per

2 Utilizzare una cassetta per tagli obliqui vi garantirà un più alto grado di precisione nel taglio.

ATTREZZI

- Sega da pannello
- Sega per tenoni
- Sega da traforo (facoltativa)
- Sega ad archetto (facoltativa)
- Sega per taglio obliquo (facoltativa)
- Cassetta per tagli obliqui (facoltativa)
- Sega circolare portatile (facoltativa)
- Metro
- Matita
- Squadra
- Fresatrice verticale elettrica (facoltativa)
- Punta per fresatrice verticale da 18 mm
- Scalpello 18 mm
- Trapano elettrico portatile
- Punte per trapano di varie misure
- Martello
- Punzone per chiodi
- Pialla levigatrice
- Smerigliatrice elettrica (facoltativa)
- Blocco abrasivo di sughero
- Cacciavite (per le cerniere)
- Mascherina antipolvere
- Occhiali protettivi
- Protezione per le orecchie

aggiustare l'angolatura delle estremità e di una squadra per controllarne la precisione. Accatastate ogni sezione e assicuratevi che siano state tutte tagliate.

COME FARE I GIUNTI

3. Scegliete un pezzo laterale e usate un saracco o una fresatrice verticale (vedi riquadro a p. 41) per fare una scanalatura profonda 12 mm su entrambe le estremità della faccia interna. Ripetete l'operazione per gli altri lati.

4. Scegliete due pezzi laterali per la sezione centrale. Affiancateli su di una superficie piana e determinate i giunti a incastro per i ripiani. Per il ripiano principale misurate 300 mm verso l'alto partendo dal fondo e tracciate una linea orizzontale perpendicolare a questo punto che attraversi entrambi i pezzi. Calcolate ancora 18 mm verso l'alto (lo spessore del materiale), quindi tracciate una linea parallela. Questa due linee definiranno la larghezza del giunto a incastro.

5. Intagliate con attenzione la scanalatura per l'incastro a una profondità di 6 mm (un terzo dello spessore del materiale). Ripetete questa operazione sull'altro pezzo laterale.

6. Determinate le posizioni per i ripiani piccoli a una distanza costante (o a seconda delle vostre esigenze). Con i due pezzi laterali affiancati come all'inizio, trasferite

3 Se usate una fresatrice verticale, per prima cosa create una maschera fissando un pezzo di legno di scarto ad angolo retto.

5 Aggiustate la punta della fresatrice verticale, quindi intagliate il giunto prestando la massima attenzione.

MATERIALI

PARTE	MATERIALE	LUNGHEZZA	QUANTITÀ
Lato (centrale/anta)	DAR in pino 25 x 150 mm	900 mm	6
Sezione centrale parte sup./fondo	DAR in pino 25 x 150 mm	888 mm	2
Anta parte superiore/fondo	DAR in pino 25 x 150 mm	435 mm	4
Divisorio	DAR in pino 25 x 150 mm	558 mm	2
Ripiano principale	DAR in pino 25 x 150 mm	876 mm	1
Ripiano piccolo	DAR in pino 25 x 150 mm	176 mm	4
Ripiano anta	DAR in pino 25 x 75 mm	423 mm	2
Assicelle	DAR in pino 25 x 25 mm	900 mm	2
Retro sezione centrale	compensato 6 mm	900 x 900 mm	1
Retro anta	compensato 6 mm	900 x 450 mm	2

Altro: Adesivo PVA. Chiodi a testa rotonda da 40 mm. Chiodi da pannello da 25 mm. 2 fogli di carta vetrata a grana 120. 2 cerniere piatte da 900 mm. 2 bulloni a cilindro da 50 mm. Chiusure e fermagli in metallo. Viti a testa tonda da 25 x 6 mm. Viti svasate da 50 mm x 8 mm. Modanatura da 6 mm x 6 mm. Ganci per appendere gli attrezzi.

*Ad ante chiuse il mobiletto misura 900 mm in altezza, 900 mm in larghezza e 276 mm in profondità. Le misure del legno sono indicative (vedi p. 57).

su uno la posizione dell'altro. Togliete uno dei pezzi laterali e al suo posto sistemate un divisorio, con l'estremità superiore situata 12 mm sotto la parte superiore del pezzo laterale. Uniformate i segni del ripiano piccolo al divisorio, quindi ripetete con l'altro pezzo laterale e il divisorio. Intagliate l'incastro servendovi di una sega e di uno scalpello, oppure di una fresatrice verticale.

7. Sistemate i giunti a incastro sulla parte superiore e il ripiano principale affiancandoli su di una superficie piana e misurando 170 mm verso l'interno a partire da ogni estremità. Tracciate una linea orizzontale perpendicolare a questo punto e un'altra a 18 mm (lo spessore del materiale). Intagliate i giunti.

I RIPIANI DELLE ANTE

8. Per fare i ripiani intagliati nei quali tenere cacciaviti, lime o scalpelli, praticate dei fori a una distanza stabilita (circa 50 mm) nel centro dei ripiani all'interno delle ante, quindi, con una sega per tenoni, praticate delle fessure che dai fori arrivino al bordo anteriore del ripiano. Le dimensioni di fori e intagli varieranno a seconda di quelle degli attrezzi.

9. Prendete i due lati di un'anta e disponete giunti a incastro per i ripiani porta attrezzi, prendendo le misure necessarie dal fondo, e lasciando spazio sufficiente (circa 250 mm) per poter estrarre e riporre gli attrezzi con facilità. Adagiate i due pezzi laterali uno di fianco all'altro. Misurate orizzontalmente,

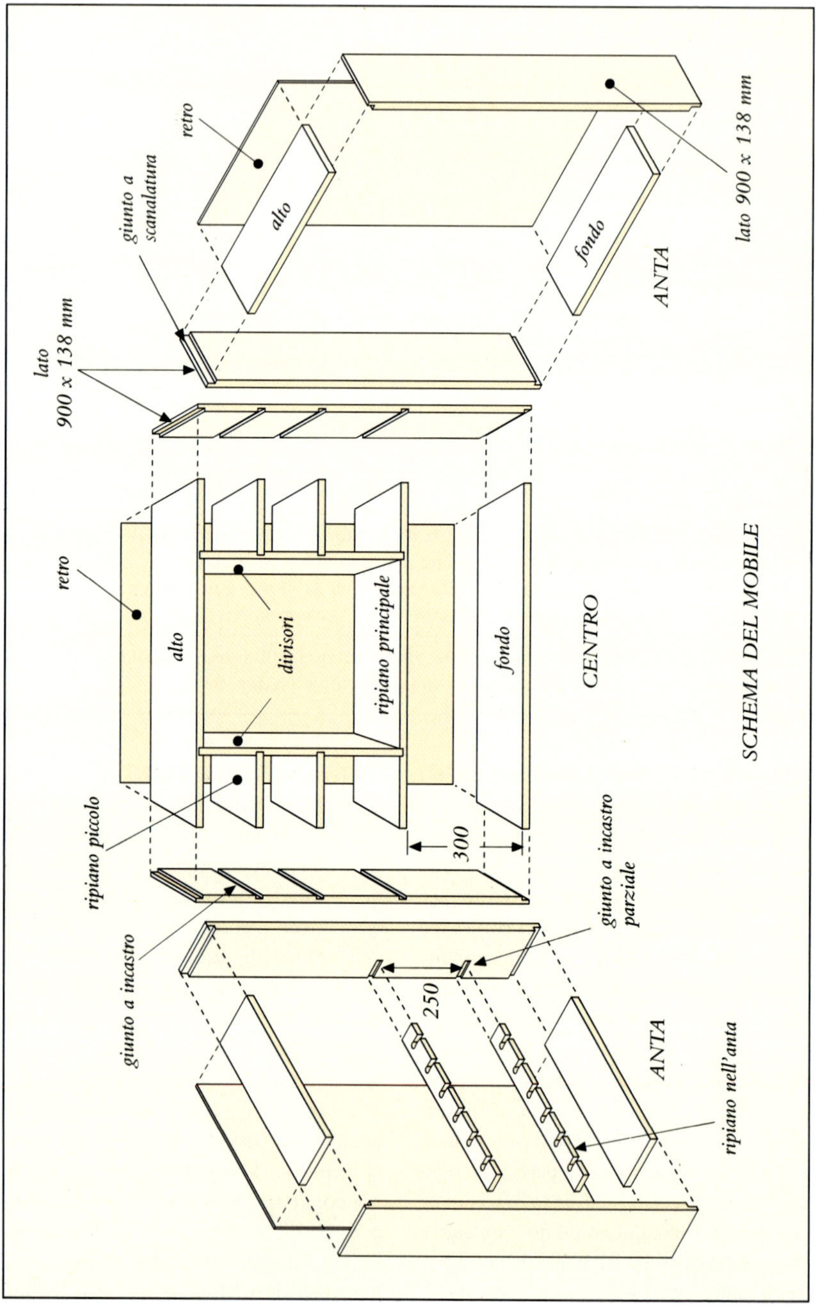

SCHEMA DEL MOBILE

partendo dal bordo posteriore, la larghezza dei ripiani, e tracciate una linea parallela a questo margine, dove l'incastro si fermerà. Marcate tutti e quattro i giunti a incastro, assicurandovi che i lati formino una coppia (uno verso sinistra e uno verso destra). Tagliate gli incastri, facendo attenzione a non oltrepassare il limite di demarcazione. Pareggiate le estremità dell'incastro con uno scalpello e controllate che ogni ripiano si inserisca senza problemi.

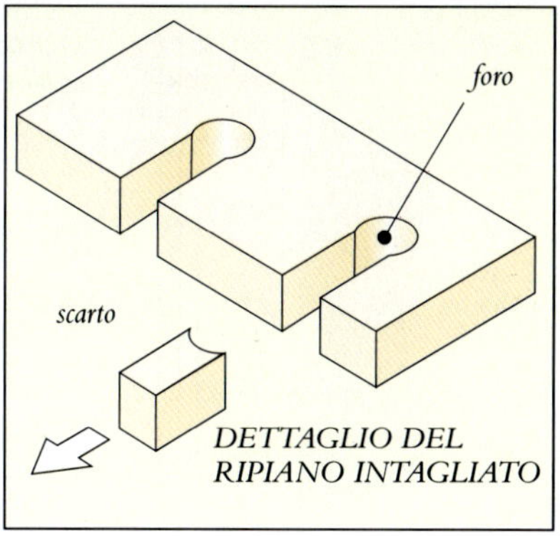

L'ARMADIETTO CENTRALE

10. Per assemblare l'armadietto centrale lavorate su un giunto a incastro alla volta, applicando l'adesivo e quindi facendo passare un chiodo a testa rotonda da 40 mm attraverso il giunto. Cominciate dalla sezione centrale: prendete un divisorio e fissate un ripiano piccolo, quindi l'altro. Ripetete l'operazione con l'altro divisorio. Fissate i divisori al ripiano centrale e al piano superiore.

11. Applicate l'adesivo ai giunti a incastro e al giunto a scanalatura superiore su uno dei pezzi laterali. Fissate il pezzo laterale al gruppo del ripiano e, dall'esterno, infilate un chiodo che arrivi all'estremità di ognuno dei ripiani. A questo punto infilate un chiodo che attraversi il pezzo superiore e arrivi al giunto a scanalatura. Fissate l'altro lato del mobile allo stesso modo. Appoggiate il mobile sul suo piano superiore, quindi fissate il fondo incollando e infilando chiodi nel legno per farli arrivare nel giunto a scanalatura.

12. Assemblate le ante secondo lo stesso metodo.

13. Appoggiate la sezione centrale su di una superficie piana e portate a livello i giunti, servendovi di una pialla. Controllate che le parti della sezione siano perpendicolari misurandone le diagonali. Se necessario, praticate una leggera pressione alla diagonale maggiore finché risulterà correttamente posizionata. Applicate l'adesivo al bordo, quindi mettete in posizione il pannello posteriore in compensato. Fissatelo servendovi di chiodi da pannello da 25 mm, sistemandoli a una distanza di circa 40-50 mm e inchiodandolo a tutti i lati, ai ripiani, ai divisori, al piano superiore e al fondo. Rifinite i bordi piallando e scartavetrando l'intera unità. Ripetete l'operazione con le due ante.

LE ANTE

14. Sebbene gli attrezzi da sistemare sulle ante non siano pesanti, queste dovranno comunque sopportare un certo carico, per cui una cerniera piatta sarà la soluzione migliore anche se altre cerniere di buona qualità potranno essere utilizzate senza problemi. La superficie della cerniera piana è larga 12 mm e spessa 1 mm. Praticate una scanalatura per l'intera lunghezza dei pezzi laterali della cabina e sul lato dell'anta dove fisserete la cerniera (quella da 12 mm sarà sul bordo di questi pezzi). Fissate la cerniera in posizione servendovi

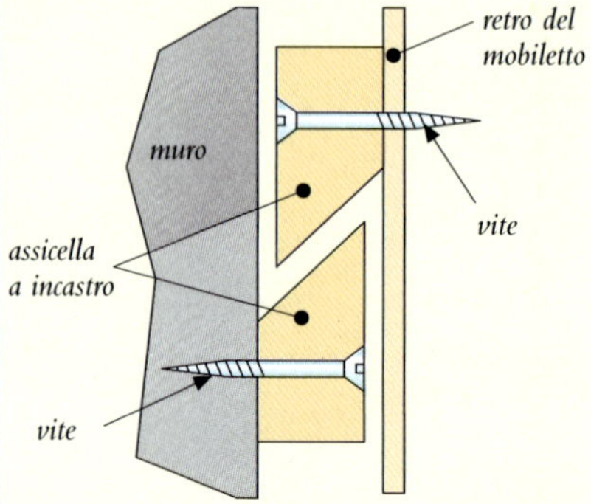

MONTAGGIO DI UNA ASSICELLA: SEZIONE

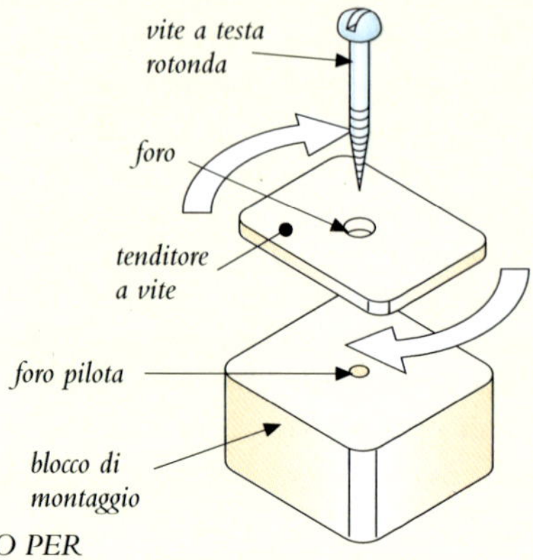

BLOCCHETTO PER TENERE IL MANICO DELLA SEGA

delle viti fornite (di solito 16 x 4 mm), sistemandone una nella parte superiore, una nella parte inferiore e una nel centro di ogni pezzo laterale. Controllate il funzionamento dell'anta, sistematela come necessario e fissate tute le viti.

15. Per tenere l'anta chiusa, servitevi di bulloni a cilindro all'interno di un'anta, in alto e in basso. Sull'altra anta fissate una chiusura o un fermaglio a cerniera e posizionate con un lucchetto.

COME POSIZIONARE IL MOBILE PER GLI ATTREZZI

Quando dovrete decidere dove fissare il mobile, prendete in considerazione il fatto che dovrete essere in grado di estrarre e riporre gli attrezzi con facilità. Ci dovrebbe essere spazio sufficiente per aprire le ante almeno ad angolo retto. La cabina centrale dovrebbe essere posizionata a un'altezza tale da permettervi di raggiungere gli attrezzi con facilità o da lasciare abbastanza spazio dal pavimento per posizionarvi sotto una panca da lavoro. L'ideale è sistemarla in maniera tale che il bordo inferiore sia a circa 1200 mm dal pavimento o a 300 mm sopra la vostra panca da lavoro.

COME DISPORRE GLI ATTREZZI

16. Per attrezzi di piccole dimensioni potete usare i ganci in commercio nei negozi specializzati. Per appendere le varie seghe o la bolla, incollate blocchetti di legno duro all'anta, tagliati così da collocarvi le varie maniglie degli attrezzi. Attaccate un tenditore a vite, formato da pezzetti di compensato o di legno di scarto, e fissatelo al blocchetto che tiene la maniglia tramite viti a testa rotonda da 25 x 6 mm (vedi diagramma in alto). Per sostenere le squadre servitevi di pezzi di legno che abbiano nel margine posteriore una scanalatura lunga quanto la lama.

17. Per evitare che gli oggetti cadano dai ripiani inchiodate una piccola modanatura (6 x 6 mm) lungo ogni ripiano. Non incollatela, in quanto potreste avere bisogno di rimuoverla. Fissate un piccolo pezzo di modanatura lungo il ripiano sul quale metterete le pialle. Questo eviterà che le lame si rovinino in quanto ne terrà il bordo sollevato rispetto al ripiano.

COME FISSARE LA CABINA AL MURO

18. Per le asticelle a incastro regolate la sega circolare a un angolo di 45 gradi. Segate un pezzo di legno duro da 900 mm delle dimensioni di 75 x 25 mm nel centro della faccia in modo da ricavarne due pezzi di legno della stessa larghezza e uno smusso su un'estremità. Ricavate due serie di sostegni, una per la parte superiore della cabina e una per la parte inferiore. Praticate le assicelle attraverso i sostegni, in modo che corrispondano al centro dei lati del mobile e, ma solo per i sostegni superiori, dei due pannelli divisori.

19. Appoggiate l'unità con la faccia rivolta verso il basso e posizionate le assicelle a una distanza di circa 75 mm all'interno rispetto al fondo e all'alto, assicurandovi che lo smusso di ogni assicella sia rivolto verso il fondo e la faccia più larga sia verso l'esterno. Praticate fori pilota nei sostegni attraverso i fori delle assicelle fino a raggiungere la cabina e fissateli con viti da 50 x 8 mm.

20. Decidete dove appenderete il mobile e la sua distanza dal pavimento (vedi schema a p. 48). Sistemate le metà rimanenti delle assicelle contro quelle già fissate. Misurate la distanza dal fondo della cabina al bordo più basso di ogni coppia di assicelle. Aggiungete questa misura alla distanza dal fondo della cabina al pavimento e segnate la posizione sul muro. Fissate le assicelle alla parete con il lato smussato rivolto verso l'alto, servendovi di almeno tre viti da 50 mm x 8 mm e assicurandovi che le assicelle siano a livello e in linea l'uno con l'altro. Se state fissando il mobile a una parete con intelaiatura in legno, assicuratevi che le viti si inseriscano saldamente nel legno. Se la fissate a una parete in muratura, servitevi di capsule a stella in plastica o di altri elementi per fissare la vite nel muro.

21. Sollevate il mobiletto per gli attrezzi sulla parete appena sopra le assicelle e fatela scivolare verso il basso finché appoggerà saldamente su di esse.

22. Se lo desiderate, trattate l'unità con una rifinitura a vostra scelta (vedi riquadro a p. 21).

TAVOLE MANUFATTE

Vengono comunemente utilizzati due tipi di tavola: il truciolato e l'MDF.

- Il truciolato, formato da trucioli di legno duro compatti, viene raramente utilizzato allo stato grezzo; si trova spesso ricoperto con un'impiallacciatura di melamina o di legno duro. Per una rifinitura di qualità, i bordi esposti devono venire ricoperti con un materiale adatto.
- MDF (compensato) è un materiale ideale per la costruzione di mobili, in quanto vi permette di utilizzare pialle e fresatrici verticali e non necessita rifiniture, anche se, volendo, esistono delle rifiniture adatte. Contiene sostanze chimiche che possono causare irritazioni dalla pelle. Quando lavorate con l'MDF non fatelo mai al sole, indossate sempre guanti protettivi se avete la pelle sensibile, e proteggete dalla sua polvere gli occhi, il naso, la bocca e le vie respiratorie.

Colori brillanti e smalto molto resistente rendono questo mobile l'ideale per una stanza per bambini. Se la dipingete con tinte più sobrie sarà comunque perfetta in qualsiasi parte della vostra casa.

Scaffali con scatole portaoggetti

Queste piccole scatole, molto maneggevoli, hanno un aspetto piacevole e sono molto capaci e funzionali. Grazie ai fori per le maniglie situati sulla faccia di ogni scatola vi sarà facile estrarle e riporle dall'apposito scaffale.

COME TAGLIARE LE PARTI

1. Servendovi di una matita e di un metro, disegnate tutte le parti sul foglio di compensato, lasciando spazio sufficiente tra le varie parti per il taglio. Controllate che ogni parte sia stata disegnata.

2. Ritagliate tutti i pezzi servendovi di una sega da pannello o di una sega circolare. Portate i pezzi alla misura esatta con una pialla. Per una finitura più accurata, servitevi di una fresatrice verticale (facendola scorrere lungo un bordo diritto). Usate una squadra per accertarvi dell'accuratezza di tutti i bordi e di tutte le facce. Mentre tagliate le diverse parti, servitevi di una

MATERIALI*

Parte	Materiale	Lunghezza/Larghezza	Quantità
Piano superiore	compensato 16 mm	790 x 400 mm	2
Parti laterali	compensato 16 mm	734 x 380 mm	2
Pannello divisore	compensato 16 mm	657 x 380 mm	1
Fondo	compensato 16 mm	728 x 380 mm	1
Ripiani	compensato 16 mm	361 x 380 mm	2
Zoccolino	compensato 16 mm	718 x 66 mm	1
Pannello posteriore	compensato 6 mm	744 x 688 mm	1
Parti anteriore e posteriore scatola	compensato 10 mm	350 x 250 mm	8
Lati scatola	compensato 10 mm	340 x 250 mm	8
Fondo scatola	compensato 6 mm	340 x 340 mm	4

ALTRO: Chiodi a testa rotonda da 50 mm. Chiodi a testa rotonda da 30 mm. Chiodi a testa piatta da 20 mm. 6 viti a stella da 50 mm x 8 mm. 6 viti a stella da 25 x 8 mm. 4 viti a stella da 75 x 8 mm. Carta vetrata, tre fogli a grana 120 e tre fogli a grana 180. Adesivo PVA. Adesivo per legno. Stucco per legno. Un pezzo di feltro da 10 x 120 cm. Vernice per rifinitura a piacere.

Per questo progetto avrete bisogno di 1 foglio di MDF per ogni spessore. Per informazioni sull'MDF vedi il riquadro a p. 49. Dimensioni finali: altezza 766 mm, larghezza 790 mm, profondità 400 mm. Le scatole sono alte 250 mm, larghe 350 mm e profonde 350 mm.

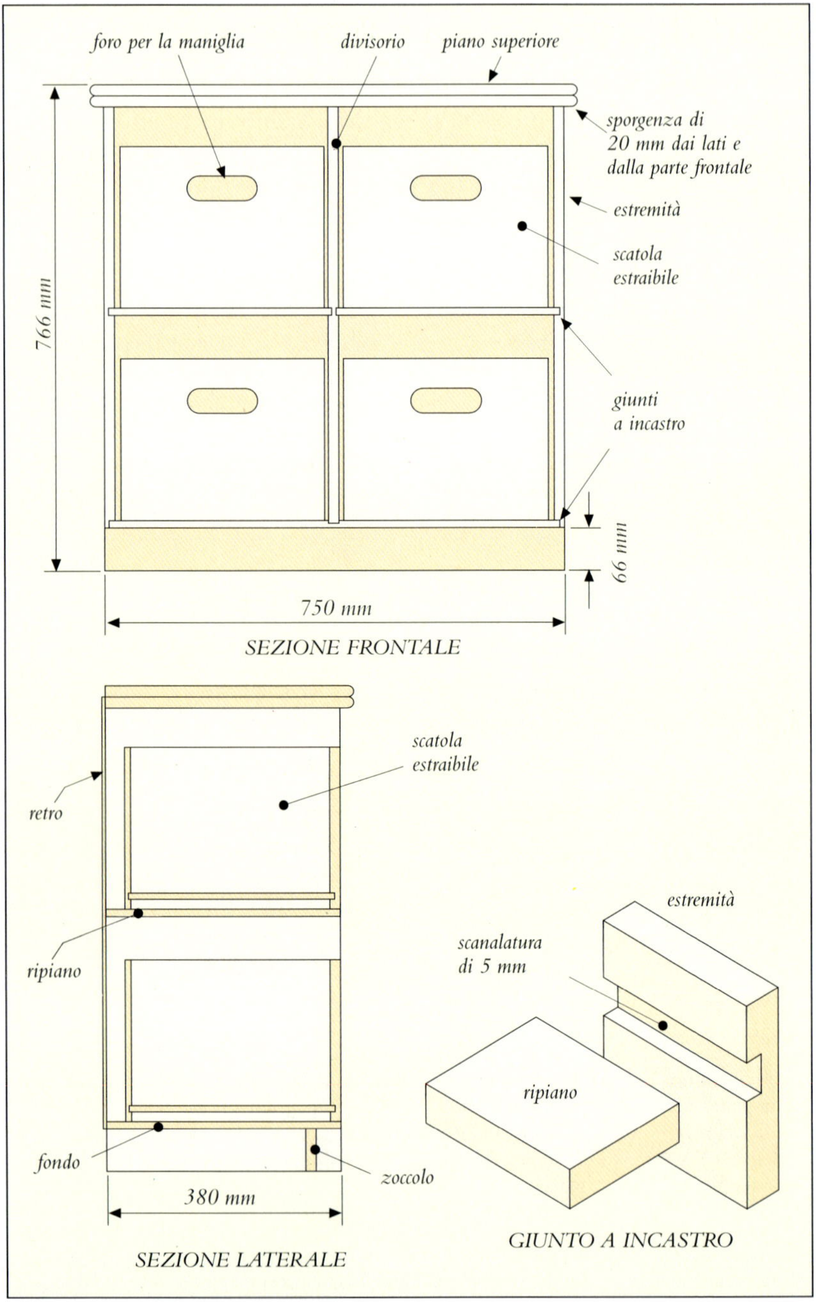
foro per la maniglia
divisorio
piano superiore
sporgenza di 20 mm dai lati e dalla parte frontale
estremità
scatola estraibile
giunti a incastro
766 mm
66 mm
750 mm
SEZIONE FRONTALE
scatola estraibile
retro
ripiano
fondo
zoccolo
380 mm
SEZIONE LATERALE
estremità
scanalatura di 5 mm
ripiano
GIUNTO A INCASTRO

ATTREZZI

- Matita
- Metro
- Sega da pannello o circolare
- Sega per tenoni
- Sega circolare a tazza (facoltativa)
- Pialla
- Scalpello
- Graffietto (facoltativo)
- Regolo
- Una grossa squadra
- Fresatrice verticale elettrica (facoltativa)
- Punta per fresatrice verticale da 16 mm diritta, da 10 mm diritta e da 6 mm per arrotondare
- Smerigliatrice elettrica (facoltativa)
- Blocco abrasivo di sughero
- Martello
- Punzone per chiodi
- Trapano elettrico portatile
- Cacciavite (a stella)
- Scalpello da 25 mm (facoltativo)
- Sega circolare portatile (facoltativa)
- Mascherina antipolvere
- Occhiali protettivi
- Protezione per le orecchie

matita morbida per numerare la faccia interna di ognuna di esse così da facilitarne l'identificazione.

COME FARE I GIUNTI A INCASTRO

3. Prendete le parti laterali del mobile e stabilite quale costituirà il lato sinistro e quale il destro. All'interno della faccia dei due pezzi misurate 66 cm a partire dal fondo, quindi, con una matita, tracciate una linea parallela al bordo inferiore. Questa linea indicherà il punto in cui dovrete inserire lo zoccolino.

4. Misurate 16 mm (lo spessore del materiale) sopra la prima linea a matita, quindi tracciatene un'altra linea, parallela a questa, che rappresenterà il fondo dell'unità. Ora misurate la distanza tra questa linea e il piano superiore dell'unità, e dividete la misura a metà per determinare la posizione del ripiano. Tracciate una linea parallela per segnare tale posizione. Per preparare i giunti a incastro per il ripiano, misurate 8 mm da entrambi i lati di questa linea, tracciando una linea parallela ogni volta.

5. Adagiate uno dei pezzi laterali segnati su una superficie piana e sistematevi di fianco il pannello divisore, in maniera tale che i bordi superiori siano allineati. Servendovi di una squadra di larghe dimensioni, trasferite le linee tracciate per lo scaffale dal pezzo laterale alla divisione. Rivoltate la divisione e ripetete con l'altro lato. Se non avete una squadra abbastanza lunga a disposizione, servitevi di un metro e di un regolo.

6. Adagiate il fondo dell'unità su una superficie piana con la faccia interna rivolta verso l'alto e misuratene la lunghezza. Dividete la misura per due per trovarne il centro, quindi tracciate una linea perpendicolare che attraversi la faccia. Misurate 8 mm su entrambi i lati, quindi tracciate due linee parallele per definire i giunti a incastro.

7. Intagliate i giunti a incastro servendovi di una sega per tenoni e di uno scalpello o di una fresatrice verticale con una punta diritta da 16 mm (vedi riquadro a p. 9).

ASSEMBLAGGIO DEGLI SCAFFALI

8. Adagiate i due pezzi laterali su una superficie piana, uno di fianco all'altro, quindi accertatevi che uno sia per il lato

COME TAGLIARE IL MATERIALE

Se non volete tagliare voi il materiale, potete ricorrere al servizio di "taglio su misura" offerto da alcune compagnie. Consultate l'elenco telefonico della vostra zona per trovare fornitori di compensato che offrono questo servizio.

sinistro e uno per il destro. Sul fondo di ogni pezzo misurate 20 mm verso l'interno partendo dal bordo anteriore e tracciate una linea perpendicolare che arrivi fino al fondo del giunto a incastro per determinare la posizione dello zoccolino.

9. Servendovi di una sega da traforo o di una sega da pannello eliminate un angolo da 66 x 20 mm dai pezzi laterali tagliando lungo la linea e il bordo inferiore dell'incastro.

10. Arrotondate i bordi anteriori e laterali dei due pezzi superiori servendovi di una pialla e di carta vetrata o di una fresatrice verticale nella quale avrete inserito una punta per arrotondare da 6 mm. Non arrotondate i bordi posteriori.

11. Levigate tutti i bordi e le facce con carta vetrata a grana 120.

12. Per fissare il ripiano, applicate inizialmente l'adesivo PVA ai giunti a incastro di uno dei pezzi laterali. Sistemate su una superficie piana questo pezzo laterale e un ripiano, appoggiandoli sui rispettivi bordi posteriori. Portate il ripiano nel giunto sul quale avete sparso l'adesivo, assicurandovi che non ci sia troppo gioco nell'incastro con il fondo del giunto e che i bordi anteriori siano a livello. Ad almeno 40 mm all'interno rispetto ai bordi anteriore e posteriore, infilate un chiodo a testa rotonda da 30 mm, che dal fondo del ripiano arrivi nell'incastro con un'angolazione che non gli permetta di forare l'esterno. Spingete il chiodo sotto la superficie. Ripetete questa operazione quando attaccherete il fondo al pezzo laterale, assicurandovi che il giunto a incastro per il pannello divisore guardi verso l'alto.

13. Applicate l'adesivo al giunto a incastro sul fondo e al pannello divisore. Sistemate il divisorio nell'incastro, inserite il ripiano nel giunto e quindi nel divisorio, assicurandovi che tutti i giunti si incastrino senza problemi. Infilate un chiodo a testa rotonda da 50 mm nel divisorio attraverso il fondo. Infilatene un altro nel lato del ripiano passando attraverso il giunto del ripiano divisore. Con l'adesivo e i chiodi da 30 mm a testa rotonda unite il ripiano rimanente nella posizione corretta.

14. Mettete l'unità in verticale e adagiatevi sopra uno dei pannelli superiori in modo tale che 20 mm sporgano da entrambi i lati e sul davanti. Controllate che il pannello divisore e i pezzi laterali siano paralleli. Trapanate, partendo dal pannello superiore, il divisorio e i pezzi laterali. Unite il pannello superiore a ogni pezzo con viti da 50 x 8 mm. Adagiate il secondo pannello superiore sopra il primo, assicurandovi che tutti i bordi corrispondano ai bordi del primo pannello. Unite i due pannelli superiori trapanando e avvitando dal basso verso l'alto, usando viti da 25 x 8 mm. Noi ne abbiamo utilizzate tre per il davanti e tre per il dietro, a circa 25 cm all'interno di ogni pezzo in verticale.

15. Per attaccare lo zoccolino all'unità, trapanate quattro fori da 4 mm dal fondo fino al bordo dello zoccolino, un foro a circa 50

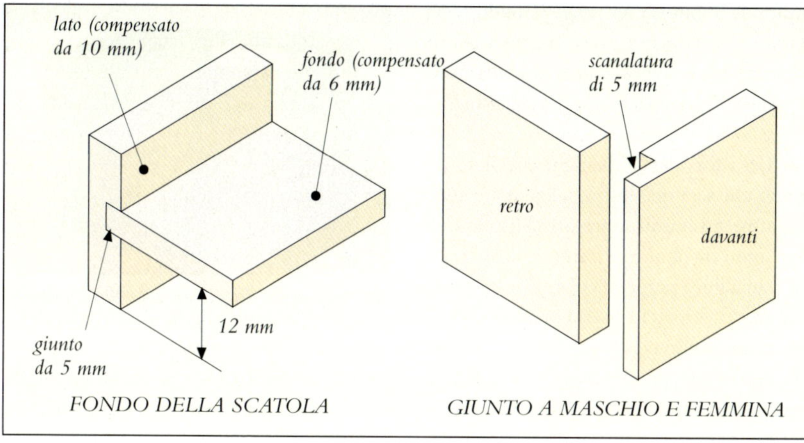

mm da ogni lato e due fori, disposti alla stessa distanza, all'interno. Appoggiate l'unità sul pannello posteriore e posizionate lo zoccolino, a 5 mm all'interno rispetto al bordo anteriore dei pezzi laterali. Fissatelo con viti da 75 mm. Con chiodi e adesivo attaccate due pezzetti di legno di scarto lungo 50 mm sul retro dello zoccolino, ai lati, per rinforzare la tenuta.

16. Adagiate il mobile sulla faccia appoggiandola su una superficie piana. Misurate e controllate le diagonali per assicurarvi che tutte le parti siano perpendicolari tra loro. Sistemate in posizione il pannello posteriore e fissatelo a tutti i bordi dell'unità, inclusi il pannello divisorio e i ripiani. Servitevi di chiodi a testa piatta da 20 mm disposti a una distanza di 40-50 mm l'uno dall'altro.

COME TAGLIARE LE SCATOLE

17. Decidete quali saranno le parti frontali per le scatole e quali quelle laterali. Servendovi di una fresatrice verticale con una punta diritta da 10 mm oppure di una sega circolare o di una sega per tenoni e di uno scalpello, praticate una scanalatura di 5 mm di profondità e 10 mm di larghezza nella faccia interna di entrambi i lati minori.

18. Praticate nelle facce interne di tutti i pezzi frontali, posteriori e laterali scanalature

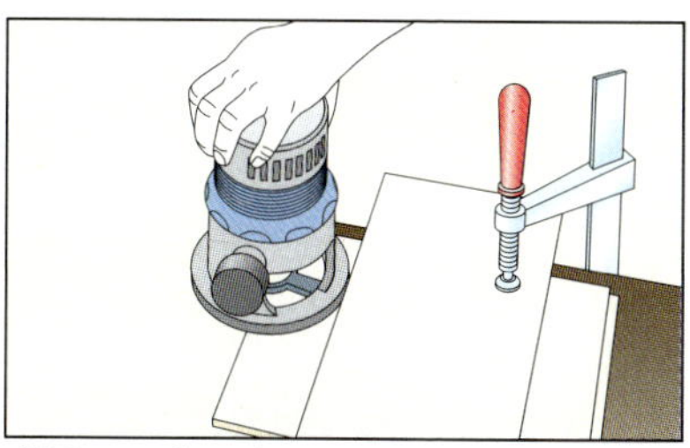

17 Servendovi di una fresatrice verticale (o di sega e scalpello) intagliate una scanalatura profonda 5 mm e larga 10 mm.

18 Prima di praticare gli intagli sul fondo fate una prova su un pezzo di legno di scarto e controllate come si incastrano.

profonde 5 mm per incastrare il fondo. Se vi servite di una fresatrice verticale, inserite una punta da 6 mm e posizionate la guida d'appoggio a 12 mm dal bordo del taglierino.

19. Per i fori per le maniglie sceglíete un pezzo che sarà quello frontale e marcatene il centro sul bordo superiore. Misurate 50 mm a sinistra di questo punto e da qui tracciate una linea perpendicolare che attraversi la faccia. Ripetete questa operazione alla destra del punto centrale. Misurate 40 mm più in basso e marcate i punti. Centrate una sega circolare a tazza da 30 mm su ognuno di questi punti e praticate un foro, oppure servitevi di un trapano elettrico con una punta HSS. Unite i fori in alto, in basso e lateralmente, attraverso delle linee che creeranno una forma ovale allungata. Con una sega da traforo tagliate lungo queste linee. Levigate i bordi del foro con carta vetrata. Ripetete l'operazione per tutti i pezzi frontali e posteriori.

ASSEMBLAGGIO DELLE SCATOLE

20. Ogni scatola è formata da due lati, una faccia, un retro e un fondo. Prendendo un lato e una faccia, applicate dell'adesivo ai giunti a scanalatura e infilate il pezzo laterale nella scanalatura. Inchiodate i chiodi a testa rotonda da 30 mm attraverso il lato nel

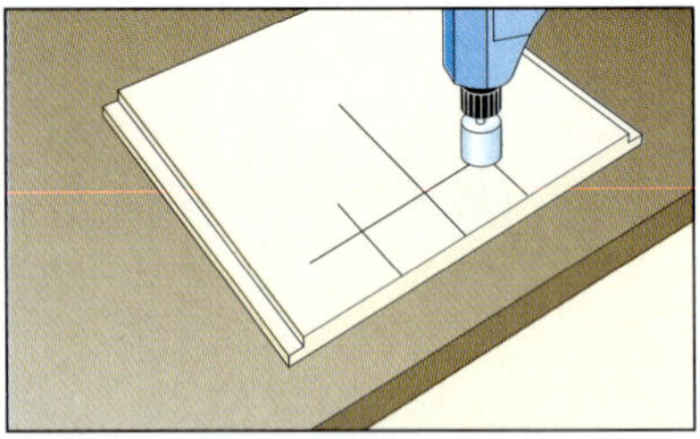

19 Praticate un foro da 30 mm nei punti stabiliti con il trapano, in modo da iniziare la fabbricazione della maniglia.

Il feltro viene incollato alla base delle scatole per facilitarne lo scorrimento.

giunto a scanalatura, assicurandovi che le scanalature si allineino in modo tale da potervi infilare il fondo senza difficoltà.

21. Ripetete questa operazione e attaccate il retro al lato rimasto. Scegliete una metà della scatola, quindi fate scivolare il fondo nell'intaglio. Applicate dell'adesivo ai giunti a scanalatura e unite l'altra metà della scatola. Inchiodate per tenere insieme i giunti scanalati.

22. Martellate su tutti i chiodi per assicurarvi che i giunti si incastrino perfettamente. Prima che l'adesivo si asciughi, assicuratevi che le parti della scatola siano perpendicolari tra loro misurando le diagonali. Se necessario, applicate una leggera pressione alla diagonale più lunga finché le parti saranno in posizione corretta. Riempite con lo stucco per legno tutti i fori e passate i bordi con carta vetrata a grana 120.

PER RIFINIRE

23. Applicate una vernice di vostra scelta (vedi riquadro a p. 21). Lasciate asciugare.

24. Con adesivo da bricolage incollate strisce di feltro larghe 10 mm alla base della scatola: queste proteggeranno il ripiano e faciliteranno lo spostamento delle scatole.

IL LEGNO

LEGNO MORBIDO O DURO?

Il legno è classificato secondo la sua durezza, ma questa classificazione dipende non tanto dalla effettiva durezza o densità della fibra legnosa quanto dal tipo di albero da cui è stato prodotto. Per esempio, il legno di balsa, che viene utilizzato per costruire modellini di aerei o altri generi di modellismo leggero, è in realtà un legno duro. I legni duri derivano solitamente dagli alberi caduchi che perdono le foglie durante il periodo invernale, i legni morbidi sono invece quelli delle conifere aghifoglie.

Per la maggior parte dei progetti in questo libro potete scegliere sia un legno duro sia un legno morbido. I fattori maggiormente discriminanti sono il costo, la disponibilità e l'adattabilità a quel particolare progetto.

CARATTERISTICHE DEL LEGNO IN COMMERCIO

Il legno può essere acquistato in tre diverse versioni:

- grezzo: tagliato in una dimensione particolare con una sega a nastro.
- lavorato: finito (DAR), semilavorato su due lati (D2S), lavorato in doppio (DD).
- fresato: lavorato con un profilo particolare per architravi, davanzali, zoccolini, e così via.

Il legno lavorato è in vendita con le dimensioni indicative del legno grezzo, ad esempio 100x50 mm, con la differenza che le superfici sono state spianate a macchina. Persino la larghezza e lo spessore sono levigati così che il legno da 100x50 mm è diventato in realtà 91x41mm. La tabella sottostante mostra le dimensioni relative al legno stagionato; le misure per il legno più giovane, come il pino, possono variare specialmente per i legni con una dimensione superiore a 100 x 50 mm.

Anche i legni tagliati con la fresatrice sono classificati a seconda delle dimensioni indicative. Le dimensioni finali possono essere comparate con quelle date nella tabella per il legno lavorato, ma dovete controllare attentamente perché potrebbero esserci delle variazioni.

Attualmente il legno è venduto in lunghezze standard, a partire da 1,8 m e aggiungendo successivamente 300 mm per volta, quindi a 2,1 m, 2,4 m e così via, ma si possono anche trovare delle lunghezze minori o dei ritagli.

Misura (indicativa) per legno grezzo (mm)	Misura dopo la lavorazione (mm)
10	6
13	9
16	12
19	15
25	19
31	23
38	30
50	41
75	66
100	91
125	115
150	138
175	160
200	185
225	210
250	231
300	281

Scatole con coperchio e rotelle

Queste scatole, di facile creazione, permettono di conservare qualunque cosa in modo pratico. Le rotelle le rendono maneggevoli e il coperchio le ripara dalla polvere. Il lato anteriore e il lato posteriore sono uniti alle due parti laterali con dei giunti a scanalatura (detti anche a maschio e femmina) mentre la base è inserita in una scanalatura.

MATERIALI*

PARTE	MATERIALE	LUNGHEZZA/LARGHEZZA	QUANTITÀ
Anteriore/posteriore	MDF 16 mm	350 x 250 mm	8
Lati	MDF 16 mm	600 x 250 mm	8
Base	MDF 9 mm	600 x 338 mm	4
Coperchio	MDF 9 mm	600 x 338 mm	4
Listelli	legno 12 x 12 mm	326 mm	8

ALTRO: Carta vetrata: otto fogli, di cui tre da 120 grani, tre da 180 e due da 220. Adesivo PVA. Chiodi a testa rotonda da 30 mm. Vernice di rifinitura a scelta. Quattro rotelle da 50 mm per scatola. Viti da 12 x 6 mm.

* Una tavaola per ogni spessore permetterà di creare 4 scatole di 270 mm di altezza, 350 m di larghezza e 612 mm di profondità. Per potere essere inserite sotto il vostro letto, le misure di questi contenitori potrebbero necessitare di alcune modifiche. A pag. 49 potete trovare delle annotazioni sul compensato.

ATTREZZI

- Metro
- Matita
- Sega per pannelli
- Seghetto da traforo
- Sega per tenoni
- Sega circolare a tazza: 30 mm (facoltativo)
- Sega circolare portatile (facoltativa)
- Regolo
- Pialla
- Fresatrice verticale elettrica
- Punta per fresatrice verticale: 10 mm a denti diritti e 6 mm a denti arrotondati
- Scalpello: 25 mm
- Squadra
- Graffietto (facoltativo)
- Martello
- Punzone
- Blocco abrasivo di sughero
- Trapano elettrico portatile
- Punte da trapano: una punta da 3 mm di acciaio
- Cacciaviti (adatti per le rotelle)
- Mascherina antipolvere
- Occhiali di protezione
- Protezioni per le orecchie

Queste scatole, belle e molto funzionali, si prestano agli usi più svariati; anche a diventare cassettoni da porre sotto il letto. Se preferite, potete anche usarle senza rotelle: in questo caso, data la maggiore stabilità, potrete riempirle maggiormente.

COME TAGLIARE LE PARTI

1. Disegnate tutte le parti sulle tavole di materiale assicurandovi che ci siano tutti i componenti con il giusto spessore. Lasciate uno spazio sufficiente tra ogni pezzo per consentire il taglio e la levigatura.

2. Tagliate i singoli pezzi con una sega per pannelli o un seghetto da traforo. Se preferite, usate una sega circolare seguendo un regolo per assicurarvi che i tagli rimangano diritti. Rifinite i componenti con una pialla o una fresatrice. Utilizzate un regolo per guidare la fresatrice. Controllate con una squadra che i bordi e gli angoli delle singole parti siano squadrati.

3. Prendete il lato anteriore e misurate 40 mm dal bordo inferiore. Disegnate una linea parallela al bordo per tutta la larghezza del legno. Questo è il punto in cui sarà inserito il fondo della scatola, lasciando 10 mm di spazio dal pavimento per le rotelle (modificate questa misura se non utilizzate delle rotelle alte 50 mm). Aiutandovi con una sega e uno scalpello oppure una fresatrice da 10 mm (vedi riquadro a pag. 9), tagliate una scanalatura profonda 10 mm per tutta la lunghezza del pannello. Inserite l'asse per la base in questa scanalatura e assicuratevi che entri con facilità. Completate la scanalatura sulla superficie interna delle due parti laterali e sul lato posteriore del contenitore.

4. Fate una scanalatura lungo i margini esterni dei pannelli anteriore e posteriore sul lato interno (lo stesso dell'incavo precedente). La scanalatura deve essere profonda 10 mm e larga 16 mm. Usate la fresatrice, o la sega circolare oppure la sega per tenoni con lo scalpello.

5. Prendete i coperchi e arrotondate i quattro angoli con un raggio di curvatura del lato superiore dell'angolo di 6 mm. Utilizzate la pialla e la carta vetrata a 220 grani, o la fresatrice con un arrotondamento di 6 mm dalla punta.

I FORI PER LE MANIGLIE

6. Per creare i fori di presa, prendete il lato anteriore della scatola e tracciate il centro sul bordo superiore. Misurate 50 mm a sinistra di questo punto e disegnate una linea perpendicolare lungo il pannello. Ripetete questa operazione alla destra del punto centrale. Misurate 40 mm verso il basso lungo queste due linee e fate un segno. Centrate la sega circolare a tazza da 30 mm su ognuno di questi due punti e

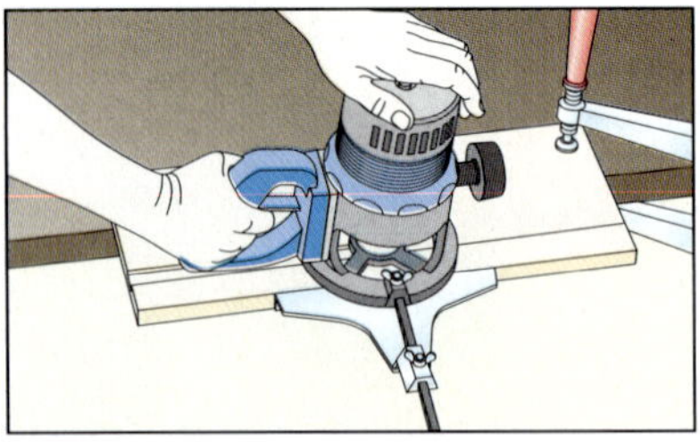

3 Per creare la scanalatura della base usate una fresatrice, tagliando per tutta la lunghezza.

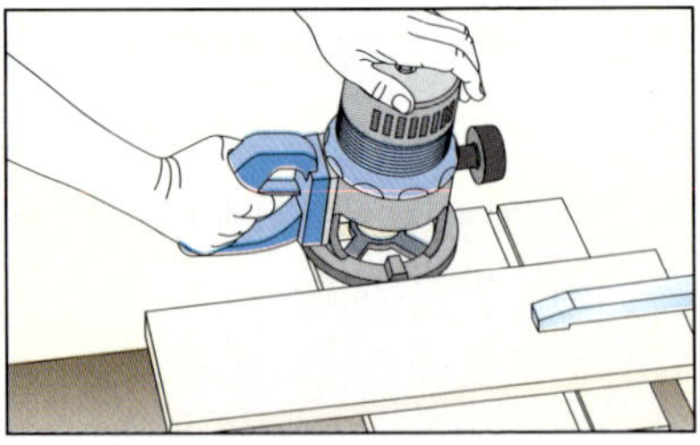

4 Tagliate una scanalatura a una profondità di 10 mm e una larghezza di 16 mm su entrambi i lati dei pannelli.

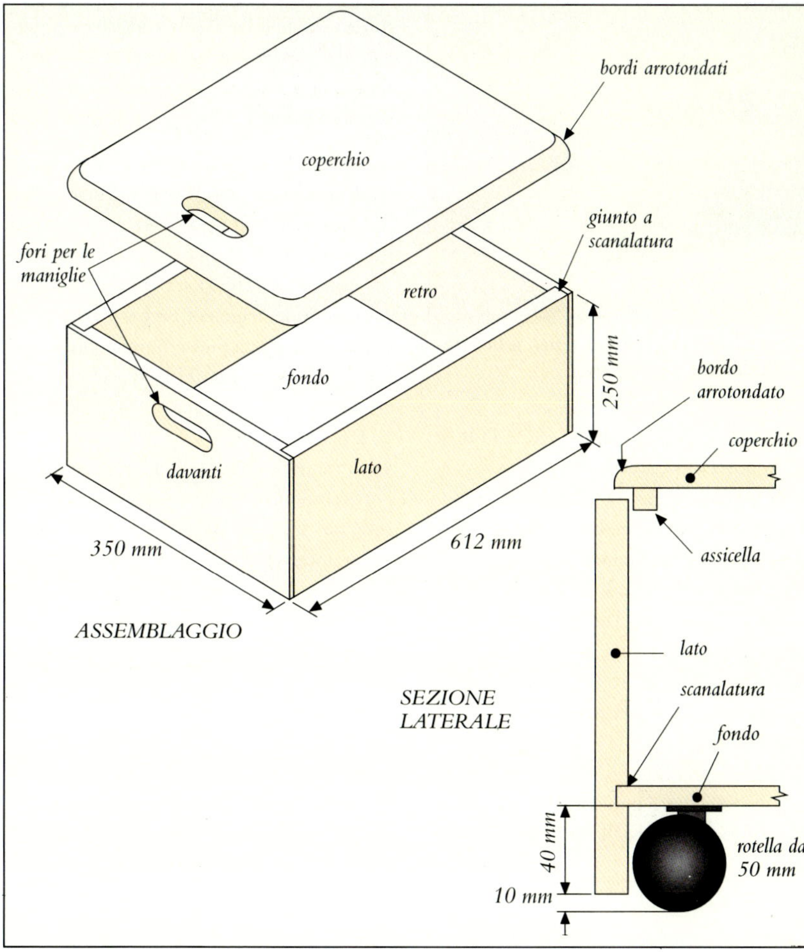

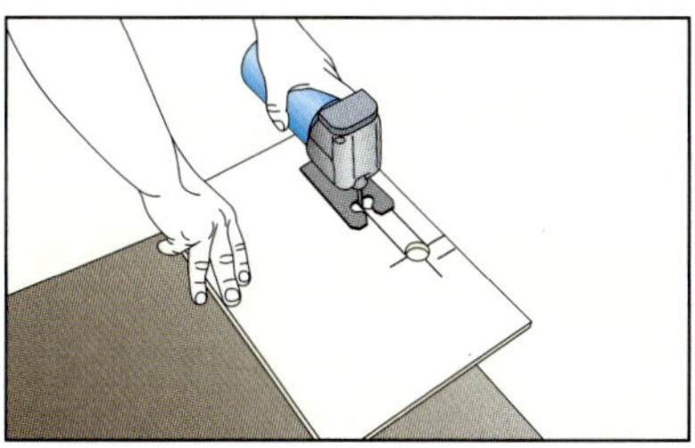

6 *Per creare la maniglia, praticate due fori e poi uniteli incidendo lo spazio tra loro con un seghetto da traforo.*

fate il foro attraverso il pannello (oppure usate il trapano elettrico con una punta HSS). Unite i due fori disegnando due linee a partire dal punto superiore e dal punto inferiore di ogni foro, in modo da creare una forma ovale allungata. Tagliate lungo le linee con il seghetto da traforo. Lisciare i bordi interni con della carta vetrata. Con lo stesso procedimento fate un foro sul lato posteriore e anteriore e sul coperchio di ogni scatola.

Le rotelle permettono di tener sollevata la scatola dal pavimento.

ASSEMBLAGGIO DELLA SCATOLA

7. Prendete un pannello laterale e il pannello frontale. Create la giuntura inserendo il pannello laterale nella scanalatura dove avrete precedentemente applicato della colla. Inserite dei chiodi da 30 mm lungo il bordo del pannello laterale attraverso la giuntura e assicuratevi che le scanalature preposte ad accogliere il pannello per la base siano allineate per permetterne il facile inserimento.

8. Ripetete questo procedimento per attaccare il lato posteriore all'altro pannello laterale. Scegliete una delle due metà della scatola e inserite la base nella scanalatura. Applicate della colla sulle giunture a maschio e femmina e attaccate la seconda metà della scatola. Inserite i chiodi per i giunti.

UTENSILI ELETTRICI

- Gli attrezzi elettrici possono essere utilizzati per alleggerire i lavori più pesanti durante la messa in opera di questi progetti, ma non sono essenziali. Se preferite o se non avete la possibilità di utilizzare gli attrezzi elettrici indicati, potete realizzare tutti i progetti con i tradizionali utensili manuali.
- Quando utilizzate gli attrezzi elettrici, ricordate di indossare sempre gli occhiali, le protezioni per le orecchie e la mascherina protettiva contro la polvere.

9. Assicurate i chiodi con il punzone in modo che i lati uniti nella giunzione si incastrino bene. Prima che la colla indurisca controllate che la scatola sia squadrata misurando le diagonali. Se necessario esercitate una leggera pressione sulla diagonale lunga in modo da portarla in asse.

IL COPERCHIO

10. Prendete due listelli 12 x 12 mm per coperchio. Incollateli e inchiodateli al lato interno di ogni coperchio, a 12 mm dai bordi anteriore e posteriore, in modo che anche la distanza dai bordi laterali sia di 12 mm. I listelli dovrebbero essere posizionati con precisione all'interno del coperchio per impedirne lo spostamento quando la scatola è chiusa.

RIFINITURA

11. Indossando una mascherina antipolvere levigate con attenzione tutti i bordi con carta vetrata da 120 grani. Applicate una vernice a vostra scelta (vedi il riquadro a pag. 21).

12. Sulla base esterna della scatola misurate 40 mm dall'angolo lungo i lati e tracciate un segno con la matita. Con il trapano fate due buchi di 3 mm in cui sarà inserito il piatto di montaggio delle ruote. In questo modo ci sarà spazio sufficiente per il gioco delle ruote. Attaccate la ruota con una vite di 12 x 6 mm, e assicuratevi che il piatto della ruota sia parallelo al bordo esterno della scatola. Trapanate i buchi rimanenti e fissate le viti. Fissate nello stesso modo le altre ruote.

Attrezzi indispensabili

Alcuni degli attrezzi di uso più frequente nella creazione di contenitori salvaspazio sono raffigurati di seguito, ma potete comporre il vostro kit di utensili in modo graduale. La maggior parte degli attrezzi può essere acquistata in un comune negozio di ferramenta.

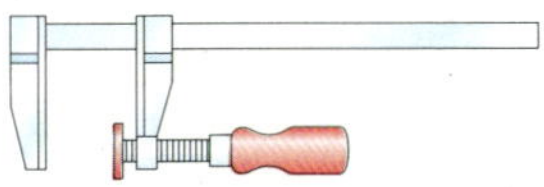

MORSETTO REGOLABILE *Tiene insieme le parti; sia l'attacco sia la vite sono regolabili.*

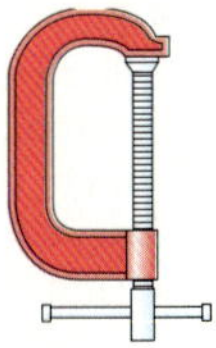

MORSETTO A G *Tiene insieme le parti stringendo la vite regolabile contro l'estremità della morsa.*

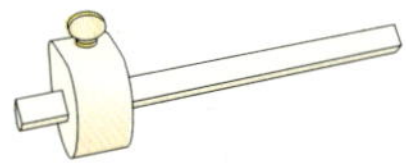

TRUSCHINO
Disegna una linea parallela al bordo di un piano. Ha un corpo regolabile

SCALPELLO *Crea scanalature e rifila le superfici di legno.*

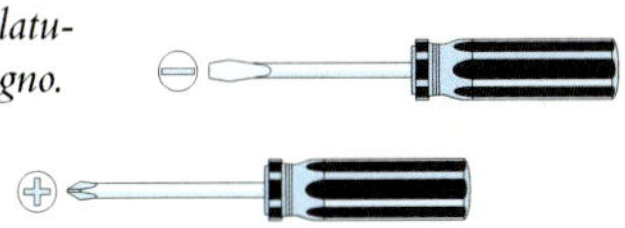

CACCIAVITI *Uno per le viti a fessura singola (in alto) e uno a stella per le viti con le fessure a croce.*

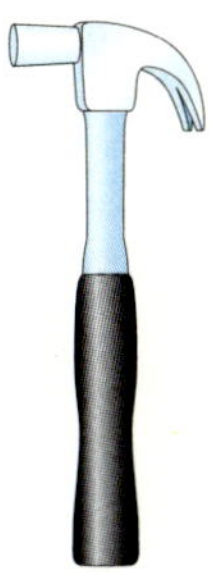

MARTELLO A PENNA *La testa arrotondata inserisce i chiodi, la coda a piede di porco li estrae.*

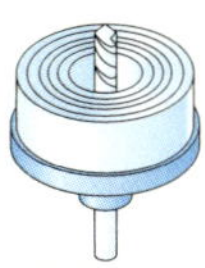

SEGA
Un accessorio del trapano per tagliare fori.

PUNZONE *Aggancia il chiodo e sotto i colpi del martello lo spinge all'interno della superficie di lavoro.*

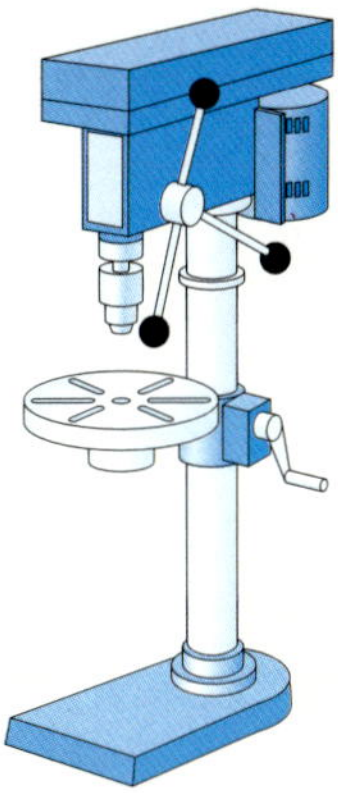

MASCHERA DI FORATURA CON PERNI DI RIFERIMENTO *Assicura che i fori di riferimento siano verticali ed esattamente posizionati.*

TRAPANO A PRESSIONE *Crea dei fori seguendo una linea perfettamente verticale.*

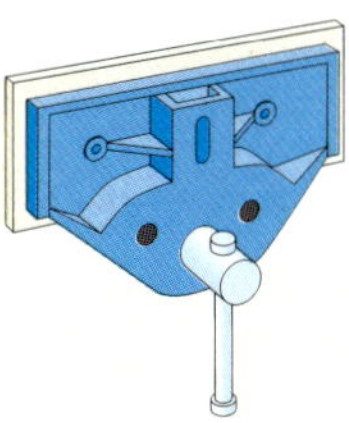

MORSA *Si avvita sul bordo del banco di lavoro per tenere fermo il legno.*

Indice analitico

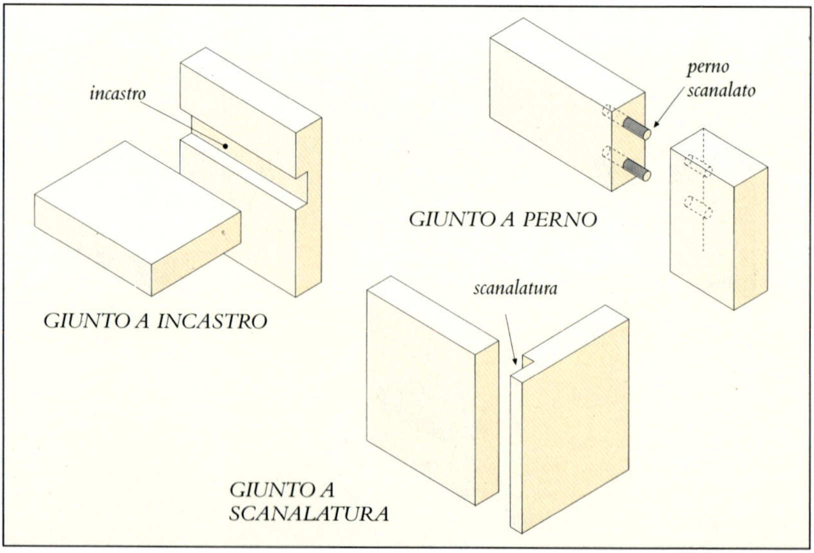